福建省高速公路标准化管理系列指南

福建省高速公路施工标准化管理指南

Fujiansheng Gaosugonglu Shigong Biaozhunhua Guanli Zhinan

(路基路面)

Luji Lumian

福建省高速公路建设总指挥部　**组织编写**

人民交通出版社

内 容 提 要

本书为“福建省高速公路标准化管理系列指南”之一，路基路面部分。本书是在现行高速公路路基路面工程设计、施工、验收等相关标准、规范基础上，总结福建省多年来高速公路建设实践经验编制而成。本书图文并茂地对路基路面工程施工工序、技术、工艺和管理进行说明，将规范化管理、标准化施工的理念贯穿于施工管理全过程。本书对于规范高速公路路基路面工程施工，克服质量通病，提高管理水平，保证施工质量有很好的指导作用。

本书适用于福建省所有新建、在建高速公路项目（含连接线）路基路面工程施工管理，也可供其他省份相关管理与技术人员参考使用。

图书在版编目（CIP）数据

福建省高速公路施工标准化管理指南. 路基路面／福建省高速公路建设总指挥部组织编写. —北京：人民交通出版社，2010. 4

ISBN 978-7-114-08290-0

Ⅰ. ①福… Ⅱ. ①福… Ⅲ. ①高速公路－道路工程－工程施工－标准化管理－福建省－指南②高速公路－公路路基－道路工程－工程施工－标准化管理－福建省－指南③高速公路－路面－道路工程－工程施工－标准化管理－福建省－指南 Ⅳ. ①U415. 1-62

中国版本图书馆 CIP 数据核字（2010）第 060722 号

书　　名：福建省高速公路施工标准化管理指南（路基路面）
著 作 者：福建省高速公路建设总指挥部
责任编辑：郑蕉林　任雪莲
出版发行：人民交通出版社
地　　址：（100011）北京市朝阳区安定门外外馆斜街 3 号
网　　址：http://www.ccpress.com.cn
销售电话：（010）59757969，59757973
总 经 销：人民交通出版社发行部
经　　销：各地新华书店
印　　刷：北京市密东印刷有限公司
开　　本：880 × 1230　1/16
印　　张：8. 75
字　　数：184 千
版　　次：2010 年 4 月　第 1 版
印　　次：2011 年 4 月　第 3 次印刷
书　　号：ISBN 978-7-114-08290-0
印　　数：9001－12000 册
定　　价：32. 00 元

《福建省高速公路标准化管理系列指南》
编委会

《福建省高速公路施工标准化管理指南(路基路面)》
编写委员会

主　　编：黄祥谈

副 主 编：潘向阳　方炬洋　杨金栋

编写人员：刘代文　高晓影　林治基　郑志东

　　　　　赖应源　廖福星　陈荣刚　杨龙清

　　　　　刘树良　王铁法　洪　青

序

自1994年福建省第一条高速公路——“泉厦高速”开建以来，福建高速公路持续快速发展，截至2009年底，通车里程和在建里程均突破2 000km。预计到2012年，通车里程将突破3 000km，2015年将突破5 000km，基本建成“三纵八横三环三十三联”的海西高速公路网。

福建高速公路在发展历程中，不仅形成了“省市共同出资，建设以市为主，运营全省统一”的科学合理的建设运营管理体制，而且积累了“混凝土集中拌和、梁片集中预制、钢筋集中加工”及“预制梁片模板准入、隧道二次衬砌台车准入”等一系列标准化施工经验，在实践中发挥了重要作用，取得了积极成效。

所谓标准化管理，就是要明确设置符合实际、符合规范的标准要求，并真正推动落实，真正做到“标准成为习惯、习惯符合标准、结果达到标准”。这是解决当前建设任务日益繁重与管理力量相对有限这一矛盾的有效举措，也是同步抓好质量、安全、工期和廉政的有效途径。为此，福建省高速公路建设总指挥部专门组织修编出版了路基路面、桥梁、隧道、工地建设、边坡生态恢复等施工标准化管理指南，不仅为高速公路建设领域全面推行标准化管理提供了技术支撑和制度保障，而且对有效提升建设质量和效率，创新建设管理方式都具有重要意义。

当前，海峡西岸经济区建设正站在新的起点上，福建高速公路迎来了难得的发展机遇，需要我们增强责任感、紧迫感和使命感，进一步凝心聚力、乘势而上。我相信，在精心完善现行高速公路体制机制的同时，持之以恒地把标准化管理落实到高速公路建设、运营的各个环节，加快形成“实施有规范、操作有程序、过程有控制、结果有考核”的标准化管理体系，必将推动福建高速公路实现更好更快发展，为海峡西岸经济区建设作出新的更大的贡献！

福建省人民政府副省长　张志南

2010年3月

前　　言

近10多年来，福建省高速公路建设发展迅速，高速公路路基路面施工技术和管理水平有了长足的进步。近几年，通过对《福建省高速公路路基施工标准化指南》和《福建省高速公路路面及交通安全设施施工标准化指南》的认真贯彻和执行，在高速公路路基路面施工管理方面取得了一定的成效，有效地提高了工程建设质量，减少了工程质量通病的发生，进一步规范了福建省高速公路路基路面标准化施工工艺，提高了工程建设技术管理水平。实践表明，大力推行标准化施工有力地促进了福建省高速公路路基路面工程质量的全面稳步提高。为此，福建省高速公路建设总指挥部总结近几年在质量管理方面的经验，进行了本次修编。

本指南是在现行路基路面工程设计、施工、验收等相关标准、规范的基础上，根据福建省多年来路基路面建设实践经验编制而成。本指南根据福建省的实际情况，着重从工序、技术、工艺和管理的角度，对现行标准、规范作了进一步补充，并结合目前发现的质量建设问题，图文并茂地对路基路面工程的施工工序、技术、工艺和管理进行说明，旨在更有效地消除质量通病，提高施工管理水平，实现路基路面施工标准化，确保高速公路路基路面工程质量。

福建省高速公路建设总指挥部

2010年2月

目 录

路 基 篇

路　面　篇

1 总则

1.1 目的和范围

1.1.1 为规范高速公路路基路面工程施工，克服质量通病，提高管理水平，保证施工质量，编制本指南。

1.1.2 本指南适用于福建省所有新建、在建高速公路项目（含连接线）路基路面工程施工管理。

1.2 编制依据

1.2.1 国家、工程建设标准化协会、交通运输部等工程建设标准主管部门发布的与路基路面工程相关的文件、标准、规范、规程和指南。

1.2.2 福建省颁布施行的有关施工管理的文件规定。

1.2.3 行业内通行的先进施工工艺和管理办法。

1.3 章节划分

本指南分路基篇和路面篇两部分，其中路基篇共11章，分别为施工准备，一般路基施工，路基排水，特殊路基处理，路基防护，挡土墙，预应力锚索（杆），涵洞、通道，路基整修与路槽交接，路基监测与观测，取、弃土场的整治；路面篇共8章，分别为施工准备，碎石的开采与生产，水泥稳定碎石底基层、基层，级配碎石垫层、底基层、基层，透层、黏层与下封层，热拌沥青混合料结构层，水泥混凝土桥面沥青铺装工程，安全生产与文明施工。

路 基 篇

2　路基工程施工准备

2.1　一般规定

2.1.1　在路基施工开工前，应在全面理解设计要求和做好设计技术交底的基础上，进行现场调查和核对。

2.1.2　在做好现场调查后，应根据设计要求、合同和现场的实际情况，编制实施性施工组织设计，按规定进行报批。

2.1.3　在开工前，必须建立健全质量、环保、安全管理体系和质量检测体系，并对各类施工班组、施工人员进行岗前培训和技术、安全交底。

2.1.4　场地规划、三通一平、驻地建设等临时工程，应满足正常施工的需要。

2.1.5　做好现场取、弃土场的位置选择。

2.2　技术准备

2.2.1　基本要求

（1）在工程开工前，承包人应在全面理解设计要求和做好设计技术交底的基础上，进行现场调查和核对，并将调查情况、遗失的标志桩等在接管工地14天之内通知监理工程师，然后根据监理工程师提供的测设资料和测量标志，在28天内将复测结果提交给监理工程师。

（2）经过复核，对存在异议的导线控制点，承包人要及时提交书面报告给监理工程师，由监理工程师确认最终解决办法；对存在异议的基准点，承包人应向监理工程师提交一份列有勘误高程的修正表，由监理工程师核定正确高程。

（3）承包人应将施工中全部控制桩以及监理工程师认为对放样和检验有用的标桩，进行加固保护，并在水准点、三角网点等处树立易于识别的标志。

（4）所有导线、中线、水准点的复测，增设的水准点、横断面复测和补测等工作，测量精度、技术要求等应符合《公路勘测规范》（JTG C10—2007）和《公路路基施工技术规范》（JTG F10—2006）的要求。

(5)在施工过程中,应保护好所有控制桩点,对破坏的桩位点应及时恢复。

(6)对每项测量成果必须进行复核,原始记录应存档。

2.2.2 导线复测

(1)当原测中线主要控制桩由导线控制时,承包人应根据设计提供资料,计算复核导线控制点,做好检查复测工作。

(2)使用导线复测仪器前,应进行标定、检验校正,仪器标定、校正报告复印件应报监理工程师备案。

(3)原有导线点不能满足施工要求时,可增设满足相应精度要求的附合导线点。

(4)同一项目内相邻施工段的导线应闭合,并满足同等级精度要求。

(5)对可能受施工影响的导线点,施工前应加以固定或改移,且施工期间应保证其精度。

2.2.3 水准点复测

(1)对于交付的水准点,首先应对其进行复核,并与国家水准点闭合;超出容许误差范围的应查明原因,并及时汇报相关部门。

(2)沿路线每500m宜设一个水准点。在结构物附近、高填深挖地段、工程量集中及地形复杂地段宜增设临时水准点。临时水准点应符合相应等级和精度要求,并与相邻水准点闭合。测设距离应以测高不加转点为原则,一般平原区不得大于200m,山岭区或丘陵区为100m。

(3)水准点有可能受施工影响时,应进行处理。

2.2.4 中线放样

(1)路基开工前,应采用坐标法进行全段中线放样,并固定路线主要控制桩。

(2)中线放样时,注意路线中线与结构物中心、相邻施工段的中线应闭合,发现问题应及时查明原因,并报监理工程师协调处理。

(3)如发现设计中线长度丈量错误或需局部改线时,应做断链处理,并在设计图表的相应部位注明断链距离和桩号。

2.2.5 路基放样

(1)在路基施工前,应对原地面进行复测,核对或补充横断面,发现问题应及时处理。

(2)在路基施工前,应设置标识桩。对路基用地界、路堤坡脚、路堑坡顶、取土坑、护坡道、弃土堆等的具体位置应标识清楚。在横断面施测中,还应反映地形、地物、地质的变化,标出相关水位、土石分界等。

(3)横断面测量应逐桩施测,断面布置数量及横向测点应与设计对应,施测宽度应满足路基及排水设施的需要。

(4)对深挖高填路段,每挖填3~5m或者一个边坡平台(碎落台),应复测中线和横断面。

(5)在施工过程中,应保护好所有的控制桩点,并及时恢复被破坏的桩点。

2.3 作业条件

2.3.1 一般要求

(1)承包人应按设计图纸进行用地放样,确定路基施工界线,保护所有监理工程师指定的要保留的植被、地下构造物及其他设施等。

(2)场地拆除清理及回填压实后,承包人应重测地面高程及横断面,并将填挖方断面及土石方调配方案提交给监理工程师审核,作为路基施工计量的依据。

(3)承包人应按工作量的大小,适当划分段落组织实施。清理和拆除工作完成后,应由监理工程师检查验收,承包人在验收合格后方能进行下一道施工工序。

2.3.2 清理场地

(1)路基用地范围内的树木、灌木丛等应在清表前砍伐或移植,砍伐的树木应堆放在路基用地之外,并妥善处理。对于路堑路段的边坡开挖线至截水沟范围的原生植被,应予以保留(附图1.1)。

(2)路基用地范围内的垃圾、有机物残渣及原地面以下至少100~300mm内的草皮、农作物的根系和表土应予以清除,并且应有序集中地堆放在弃土场内,以供土地复耕和绿化使用。场地清理完成后,应全面进行填前碾压,使其压实度应达到规定要求。

(3)路基用地范围及取土场范围内的树根应全部挖除(附图1.2),并将路基范围内的坑穴填平夯实。

(4)路基跨越河、塘、湖、海地段时,承包人应采取措施修筑围堰,排除积水,清除不适宜材料,并按设计要求的施工工艺进行填前处理。

2.3.3 拆除与挖掘

(1)路基用地范围内的旧桥梁、旧涵洞、旧路面和其他障碍物等应予以拆除,对正在使用的道路设施及构造物,应在对其正常使用作出妥善安排之后,才能拆除。

(2)原有结构物的地下部分,其挖除深度和范围应符合设计图纸或监理工程师的要求。拆除原有结构物或障碍物需要进行爆破或其他作业有可能损伤新结构物时,必须在新工程动工之前完成。

(3)所有指定为可利用的材料,都应避免不必要的损失,将其有序堆置于指定区域。对于废弃材料,承包人应按监理工程师的指示妥善处理。对于因拆除施工造成的坑穴,需按要求回填并夯实。

2.4 安全文明施工

2.4.1 现场的各项施工安全管理制度应完善,管理机构应健全,安全质量保证体系已建立,明确工区施工负责人。

2.4.2 施工现场应布置“五牌一图”(附图1.3)及各类标示牌、警示牌。

2.4.3 施工作业人员数量应符合“施工组织设计(方案)”的要求,特种作业人员应持证上岗。

2.4.4 进入施工现场的人员应佩戴安全帽和上岗证,对现场管理人员和作业人员的安全帽应加以区分,劳动保护用品要穿戴齐全,安全监察人员应佩戴袖标(牌)。

2.4.5 对施工现场的水、电灯等临时设施必须合理规划,管路、电力线、通信线等各种管、线、路布置应整齐美观。

2.4.6 对于现场液态、固态等各类废弃物,要按照规定进行处理,不得排放于生活用水水源附近,禁止擅自掩埋或焚烧。

2.4.7 施工现场应有防止大气和噪声(振动)污染、水土保持和其他保护环境卫生的有效措施。临近居民区施工时产生的噪声不应大于现行《建筑施工场界噪声界限》(GB 12523—90)的规定,强夯场地与建筑物间应按设计要求采取隔振或防振措施。当强夯施工所产生的振动对邻近建筑物或设备会产生有害影响时,应进行监测。

2.4.8 采用粉状材料对路基填料进行现场拌和施工时,应避免在大风天气条件下作业,施工人员应佩戴防尘口罩等劳动保护用品(附图1.4),并采取相关环境保护措施。施工现场土石方作业应采取防止扬尘措施,裸露场地和集中堆放的土方应考虑覆盖、固化或绿化等措施。

2.4.9 地下管线不明时,应挖十字沟进行探测,并标出显著位置,加以保护(附图1.5)。

2.4.10 应及时联系相关部门,对管线、电缆、光缆等进行迁移;无法迁移的,应会同设备管理单位采用防护措施进行保护。

3 一般路基施工

3.1 一般规定

3.1.1 在进行路基施工时,应做好施工期临时排水总体规划和建设,临时排水设施应结合永久性排水设施综合考虑,并与工程影响范围内的自然排水系统相协调。排水系统应确保路基不受水的侵害以及雨水不冲淹农田、淤积河道。

3.1.2 分项工程开工报告已批复,施工现场人员、机械应满足施工进度及质量的要求。

3.1.3 路基填料应满足规范的要求。

3.1.4 路堑开挖边坡工程应采用动态施工技术。边坡开挖揭露地层、地下水等因素与设计不符时,应及时汇报监理、设计和业主单位,并综合其防护形式分析坡体稳定性,考虑是否需要进行设计变更;在坡体开挖过程中,应与边坡动态变形监测同步进行,做好施工期间坡体变形的监测工作。

3.1.5 加强各工序间的衔接,各类沟槽基坑开挖后宜尽快封闭,严禁雨水浸泡。

3.1.6 路基上的电缆槽、声屏障基础、预埋管线、综合接地等宜与路基同步施工,不得因施工而将其损坏,危及路基的稳固与安全。

3.1.7 相关工程及附属设施施工时,应防止路基受污染,做好成品保护工作。

3.2 挖方路基

3.2.1 土质路堑开挖

1)施工工序(图3-1)

2)施工要点

(1)应先完成临时排水设施,确保施工作业面不积水;截水沟应与排水系统连接顺畅,确保水流通畅。

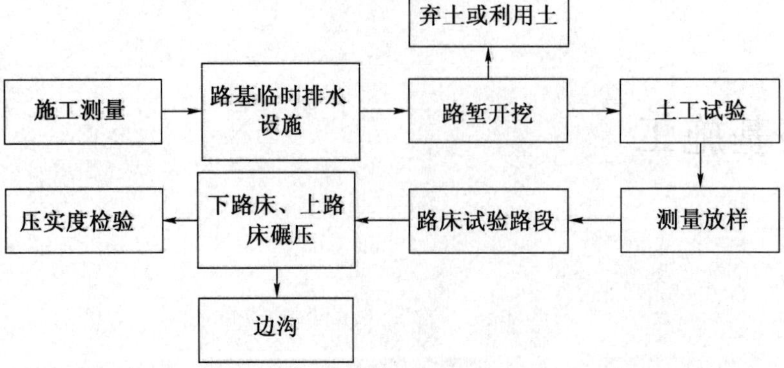

图 3-1 土质路堑开挖施工工序

(2)可作为路基填料的土方,应分类开挖、分类使用。非适用材料应按设计要求或作为弃方按相关的规定处理。

(3)土方开挖应自上而下进行,不得乱挖、超挖,严禁掏底开挖。路堑开挖应严格按设计图进行,坡面一次性成形,且应开挖一级、防护一级。

(4)在开挖过程中,应采取技术措施保证边坡稳定。在开挖至边坡线前,应预留一定宽度,预留的宽度应保证刷坡过程中设计边坡线外的土层不受到扰动。同时,应采用测量仪器对已开挖的坡面进行复核,以确保开挖坡面不欠挖、不超挖。

(5)进行路基开挖时,基于实际情况,如需修改设计边坡坡度、截水沟和边沟的位置时,应及时按规定报批。边坡上稳定的孤石应保留。

(6)开挖至零填、路堑路床部分后,应尽快进行路床施工;如不能及时进行,应在设计路床顶高程以上预留至少 30cm 厚的保护层。

(7)挖方路基路床顶面终止高程,应预留因路床基底压实而产生的下沉量,其值通过试验确定。

(8)路床施工前,应先开挖排水边沟,防止边坡雨水危害路床部分;路床需要换填时,应按设计要求进行,其压实度应满足《公路路基施工技术规范》(JTG F10—2006)的指标要求。

(9)当路床土含水率高或为含水层时,应采取设置盲沟、换填、改良土质、土工织物等处理措施,路床填料除应满足规范要求外,还应具有良好的透水性能。

(10)路床表层以下为非适用土、含水层、不满足 CBR 值材料或整理完成的路槽测试弯沉值不合格时,应换填符合路基强度的土。换填深度应满足设计要求,一般为 80 ~ 100cm,并应分层回填压实,且压实度应满足规范要求。

(11)填挖交界处应挖台阶与填方路堤相衔接,台阶宽度不宜小于压路机碾压宽度,路床顶面衔接长度不宜小于 5m。

(12)弃方运至弃土场并按规定处理。

(13)土方路堑开挖应根据地面坡度、开挖断面、纵向长度及出土方向,结合土方调配距离,选用安全、经济的开挖方案(图 3-2)。

(14)雨季施工地段,应做好防洪、防水、排水工作。对土质渗水路堑、截水沟、排水沟

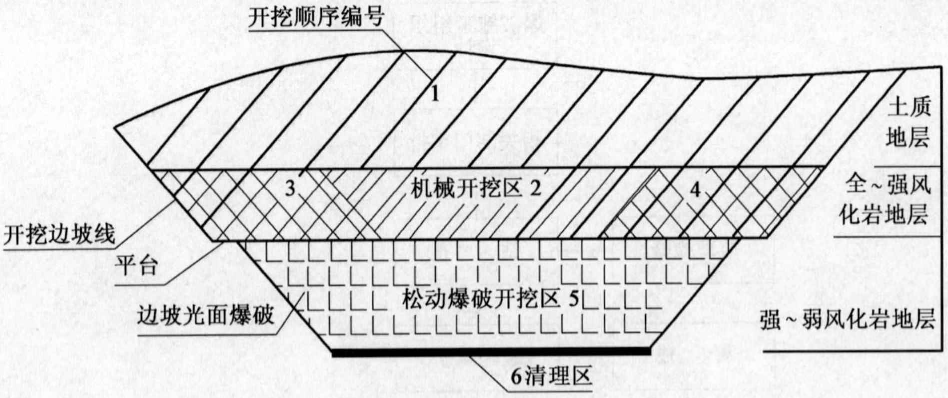

图 3-2 路堑开挖断面示意图

应及时铺砌或采取其他防洪措施，保证边坡稳定，起到排水防洪的作用；对施工人员应配备雨季作业劳动保护用品，并对职工进行雨季施工和防洪抢险教育。

(15)冬季施工，应制订冬季施工计划，严格按冬季施工要求执行，并配备相应的施工设备，组织员工接受教育培训，确保冬季施工质量和安全；路堑开挖至路床面1m时，应停止开挖，做好临时排水沟，在表面铺松土保温，待正常施工时，挖去其余部分。

3)质量控制

(1)土质路堑开挖，应按设计图及时施工边沟及截、排水设施。路堑边坡开挖应先完成坡顶截水沟、平台排水沟、坡面急流槽的施工。

(2)路堑开挖应按设计断面测量放样，边开挖、边整形，坡面应平顺、稳定，不得亏坡，曲线应圆滑；路基表面应平整，边线直顺，曲线应圆滑。

(3)护坡道、碎落台应按设计要求设置，外形应整齐、美观，防止水土流失。

(4)弯沉值检验。路堑顶面检验弯沉值应满足设计和规范要求。

(5)实测项目质量，应执行规范《公路工程质量检验评定标准》(JTG F80/1—2004)规定的要求。

3.2.2 石质路堑开挖

1)施工工序(图 3-3)

2)施工要点

(1)石方开挖应根据岩石的类别、风化程度、节理发育程度、岩层产状和施工环境等确定开挖方案。石方爆破开挖路基应以光面爆破、预裂爆破技术为主，禁止采用大爆破施工；软弱松散岩质路堑，宜采用分层开挖、分层防护及坡脚预加固技术。

(2)采用爆破法开挖石方，应先查明空中缆线、地下管线的位置，开挖边界线外可能受爆破影响的建筑物结构类型、居民居住情况等，然后制订详细的爆破技术安全方案。

(3)收集现场数据加以分析，制订最优爆破方案。

(4)严格检查爆破所需的各种器材。各器材应有出厂合格证书，方可使用。

(5)所有爆破技术人员和现场操作人员，必须进行上岗培训，并取得资格证书，方可

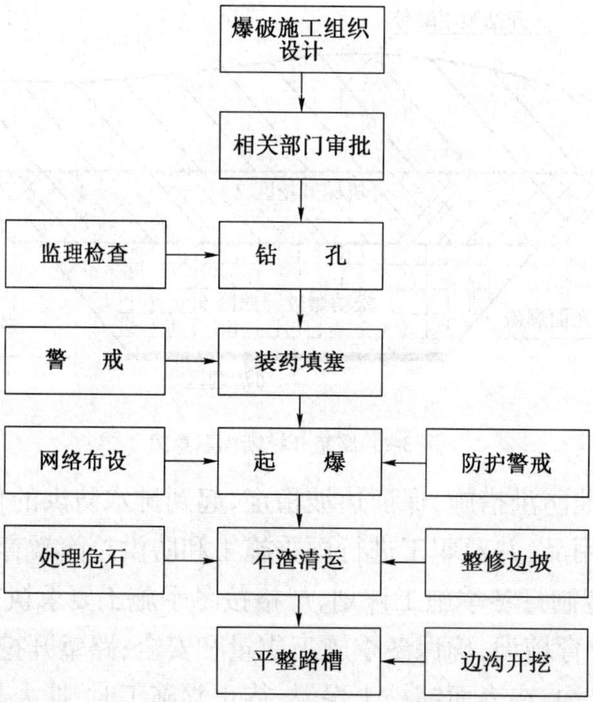

图 3-3　石方爆破施工工序

进行爆破作业。

(6)对起爆顺序和起爆方式要进行分析和比较,以达到最佳效果。现场施工时,起爆网络连接要严格按要求和规范执行。在使用电雷管和导爆索之前要进行检测,确保设备无质量问题。

(7)应加强装药过程的控制,严格按设计控制药量,不能少装或多装;间隔段填筑物要均匀;按岩石粉的自然密度装药,严禁捣实,堵塞的长度按要求安装。

(8)爆破前,必须检查起爆网络,确保爆破顺利。

(9)爆破施工宜按以下程序进行:测量标定炮孔位置、钻孔、炮孔检查、爆破器材准备、装药、连接爆破网络、布设安全岗哨、炮孔堵塞、爆破覆盖、起爆信号、起爆、消除瞎炮、处理危石、解除警戒、石方清运、爆破效果分析及资料记录。

(10)挖方边坡应从开挖线往下分级清刷边坡,每下挖 2 ~ 3m,应对新开挖边坡进行刷坡。对于软质岩石边坡可用人工或机械清刷;对于坚硬和次坚硬岩石边坡,可使用炮眼法、裸露药包法爆破清刷边坡,同时应清除危石、松石。清刷后的石质路堑边坡,坡率不应陡于设计规定。

(11)每次爆破完毕后,应及时清运爆破石方;整理完毕应测量路床高程,高出设计高程的要进行铲出,直到符合设计要求为止;低于设计高程的要采用无机结合料稳定碎石、级配碎石填平、碾压密实。边坡的修整,即边坡表面的破碎岩石要全部清除掉,按设计要求进行刷坡。

(12)石质路床底面有地下水时,可设置渗沟进行排导。渗沟宽度应满足设计要求,并不宜小于 30cm,横坡度不宜小于 6%。

3)质量控制

(1)石质路堑边坡开挖,应采用光面爆破或预裂爆破技术,边坡坡面不得有松石,路基边线应顺直、曲线应圆滑。竖孔炮眼残留率不应低于85%;对于中硬质岩石,边坡不平整处不应超过±15cm;对于软质岩石,边坡不平整处不应超过±10cm。

(2)实测项目质量,应满足规范《公路工程质量检验评定标准》(JTG F80/1—2004)的规定。

4)安全文明施工

(1)爆破器材的储存、管理:爆破器材必须存放在专用仓库内,并有专人管理;必须建立严格的领取、清退制度;爆破员在领取器材时,必须经工区长、安全员、生产副经理均签字后,方可领取;领取数量不得超过当班使用量,剩余的要在当天规定时间内退回仓库。

(2)爆破器材装卸、搬运安全:爆破器材在从仓库运到施工现场时,应在白天进行,有专人在现场监督,并设警卫。禁止无关人员在场。在卸货地点,严禁使用烟火和携带发火物品。白天应悬挂红旗和警标,夜间应有足够的照明并挂红等。领取爆破器材后,应直接送到爆破地点,不得携带爆破器材在人群聚集的地方停留,严禁乱丢乱放。炸药、雷管应分别放在两个专用背包(木箱)内,严禁装在衣服内。严禁炸药和雷管混放。

(3)爆破作业必须由经过考试合格的持有爆破证的爆破操作员操作,禁止非爆破人员进行爆破作业。

(4)爆破区警戒:点火前以红色旗、哨声为信号,定人定岗。在计算出的安全距离以外50m设置警戒线,危险区半径内必须实行警戒,起爆前必须清场。在公路旁施爆时,应提前10min由当地交警部门封闭交通,实行交通管制。点火前,应从下风向敷设导火索和引爆物,只有在一切准备工作和全体人员均撤离到安全区后,才准点火。

3.3 填方路基

3.3.1 填土路基

1)一般要求

(1)地基处理应按规范相关规定处理完毕,并检验合格。

(2)严禁使用含草皮土、生活垃圾、树根和腐朽物质的土。淤泥、泥炭、冻土、强膨胀土、有机质土及易溶盐超过允许含量的土,不得直接用于路堤填筑;需要使用时,必须采取处理措施,经检验合格满足设计要求,方可使用。

(3)用湿黏土、红黏土和中、弱膨胀土作为填料直接填筑时,液限应控制在40%~70%之间,且CBR值应满足《公路路基施工技术规范》(JTG F10—2006)表4.1.2的规定。填筑碾压时,稠度应控制在1.1~1.3之间,压实度要求对比规范《公路路基施工技术规范》(JTG F10—2006)表4.2.2-1可降低1%~5%,实际压实度值应根据当地土质条件试验确定。

(4)路基填料应通过试验确定,符合规范要求时方可使用。

(5)填土路基开工报告经批准后,方可进行土方填筑施工。每个路基标段应根据需求配备相应平地机等机械设备。平地机等主要施工机械设备应进场就位。

(6)在路基填筑施工段,应测量放样,用白灰撒好边线。

2)试验路段

(1)在填方路基开工之前,应进行路堤的试验段施工。

(2)基底经检验合格后,根据自卸车容量计算堆土间距;填筑施工路段时,应打网格,均匀卸土,用推土机按设计松铺厚度在整个路基宽度内进行摊铺;土方摊铺后应用平地机整平,形成路拱,经测定厚度后,在最佳含水率时进行碾压。

(3)碾压时,采用振动压路机进行施工。在碾压过程中,测定并记录不同阶段路堤土方密实度及碾压后土层厚度,压实度应满足规范规定的密实度要求。

(4)试验路段完成后,应对试验路段施工进行总结,以确定适宜的施工工艺参数:

①每次土石方、推土机推平和压路机碾压的工作段长度;

②能满足要求密实度标准的土层松铺系数;

③压实遍数及最佳机械组合;

④压实次数—压实度、含水率—压实度关系曲线。

(5)将试验段施工总结上报监理工程师批准后,方可展开路基的大规模施工。

3)施工工序

路基填筑施工工序见图3-4。

4)施工取土

(1)路基填方取土,应根据设计要求,并结合路基排水和当地土地规划、环境保护等要求进行,不得任意挖取。

(2)施工取土应尽量利用荒坡、荒地。取土深度应根据用土量、取土场面积,并结合地下水等因素考虑;原地面若属于耕植土,应先挖出耕植土集中存放,以便再次利用;取土场应有规则的形状及平整的底部,不积水,边坡应按设计坡率修整。

(3)自行选定取土方案时,应符合规范《公路路基施工技术规范》(JTG F10—2006)的相关规定,并上报业主批准后方可实施。

(4)对取土造成的裸露面,应具有整治或防护处理措施。

5)施工要点

(1)土方路堤应分层填筑压实。用透水性不良的土质填筑路堤时,其含水率应控制在最佳压实含水率±2%之内。

(2)土方路堤,必须根据设计断面分层填筑、分层压实。分层最大松铺厚度应根据试验确定,且原则上不超过30cm;若工程实际填筑厚度需要超过30cm时,应根据试验确定,并上报监理工程师批准。路床顶面最后一层填筑,最小压实厚度不应小于10cm。

(3)路堤填土宽度每侧应宽于填层设计宽度50cm(附图1.6)。压实宽度不得小于设计宽度,以确保路基修整边坡后路基边缘压实度满足规范和设计要求。

(4)填筑路堤宜采用水平分层填筑法施工,即按横断面全宽分成水平层,逐层向上填筑;如原地面不平,应由最低处分层填起。每填筑一层,经过压实并符合规定要求后,再填上一层。

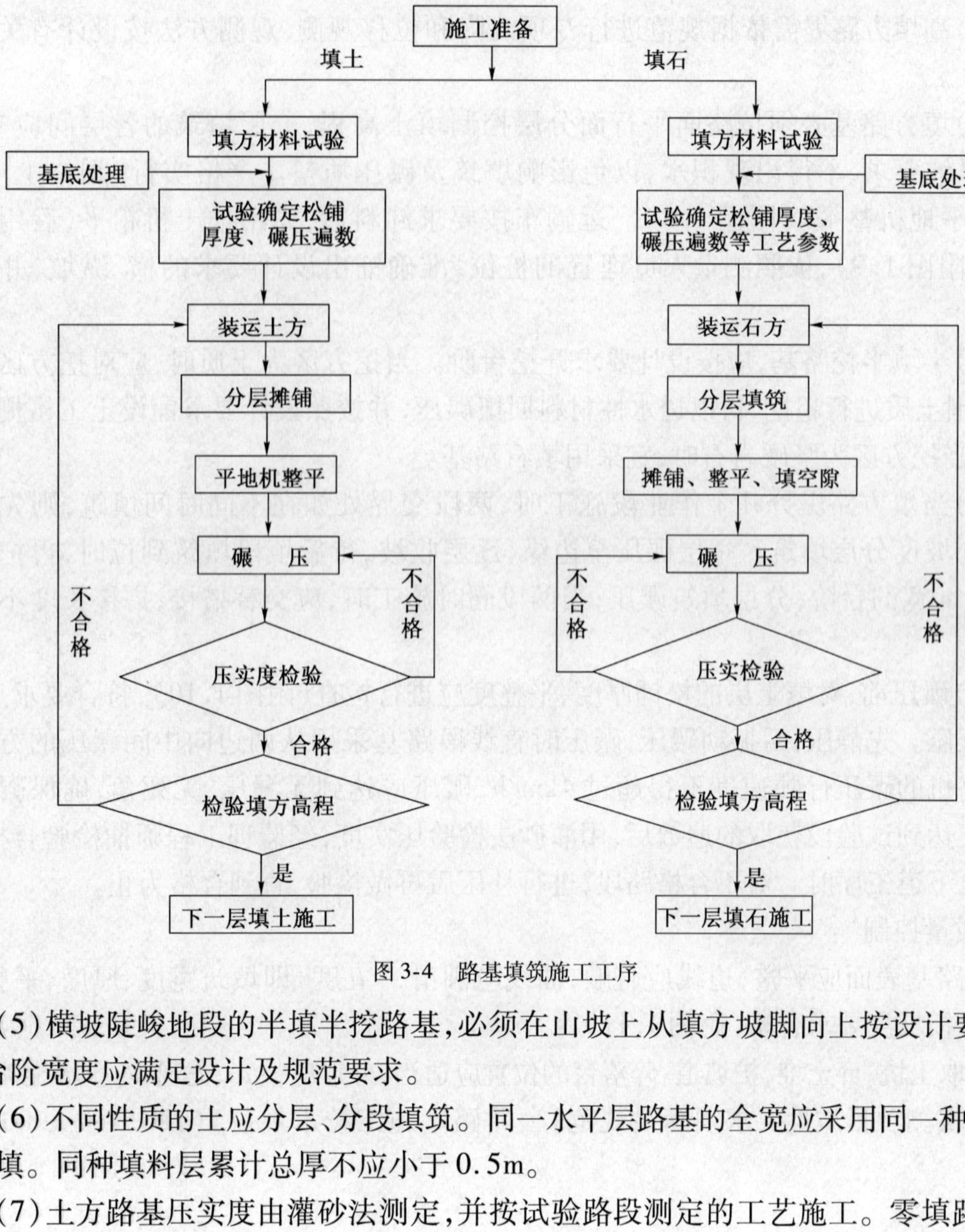

图 3-4　路基填筑施工工序

(5)横坡陡峻地段的半填半挖路基,必须在山坡上从填方坡脚向上按设计要求挖台阶,台阶宽度应满足设计及规范要求。

(6)不同性质的土应分层、分段填筑。同一水平层路基的全宽应采用同一种填料,不得混填。同种填料层累计总厚不应小于 0.5m。

(7)土方路基压实度由灌砂法测定,并按试验路段测定的工艺施工。零填路基上下路床 0~80cm 范围内的压实度不应小于 96%。如不符合要求,应翻松后再压实,使其压实度达到规定要求。

(8)随着填方高度的增加,路基顶应设置截水埂。截水埂应开口设置临时排水沟(附图 1.7),其间隔不得大于 50m,临时排水沟采用机砖砌筑,以免冲刷边坡。

(9)路面底面以下 30cm 必须选用透水性良好的砂性土进行填筑,砂性土的物理力学指标可参照表 3-1。

表 3-1　砂性土物理力学指标对照表

项　次	项　目	范　围	项　次	项　目	范　围
1	液限	<42%	3	最小干密度(g/cm^3)	>1.9
2	塑性指数	<12	4	颗粒含量(>0.075mm)	>75%

(10)高填方路堤需依据规范进行专项沉降和位移观测,观测方法按设计有关内容处理。

(11)填方路基必须按路面平行面分层控制填土高程,分层填筑的各层间应平整,符合平纵坡要求,不得出现积水,以免影响填筑及碾压质量。严格实行“划格上土,挂线施工,平地机整平”(附图1.8)。运输车按要求卸料后,先用推土机粗平,后用平地机精平(附图1.9),依照测量人员埋置的桩位,准确铺出设计要求的横、纵坡,并形成路拱。

(12)半填半挖路基,应按设计要求开挖台阶。当挖方区为土质时,应对挖方区路床80cm范围土质进行超挖,再以透水性材料回填碾压,并按照设计要求铺设土工格栅及设置盲沟;当挖方区为坚硬岩石时,宜采用填石路基。

(13)当填方路堤分几个作业段施工时,两段交界处如在不同时间填筑,则先填段应按1:1坡度分层填筑。每层碾压至边缘,逐层收坡,待后填段填筑到位时,再把交界面挖成2m宽的台阶,分层填筑碾压;当两段同时施工时,应交替搭接,搭接长度不得小于2m。

(14)碾压前,对填土层的松铺厚度、平整度应进行检查(附图1.10),符合要求后,方可进行碾压。先静压,后振动碾压,碾压时直线段路基采用从两边向中间碾压的方法施工。压路机的碾压行驶速度不得超过4km/h,碾压应达到无漏压、无死角,确保碾压均匀。碾压达到试验段获取的遍数后,用灌砂法检验压实度,经监理工程师抽检验合格后,方可转入下道工序时。对不合格路段,进行补压后再做检验,直到合格为止。

6)质量控制

(1)路基表面应平整,边线应直顺,曲线应圆滑,“五度”即填筑宽度、厚度、平整度、压实度及横坡度要求合格(附图1.11)。

(2)取土坑、弃土堆、护坡道、碎落台的位置应适当,外形应整齐、美观,防止水土流失。

(3)实测项目质量要求须满足规范《公路路基施工技术规范》(JTG F10—2006)的规定。

3.3.2 填石路堤

1)一般要求

(1)填石路堤不适用于路床区。特殊情况下,需通过专题研究后,方可予以使用。

(2)膨胀性岩石和易溶性岩石不宜用于路基填筑;强风化石料、崩解性岩石和盐化岩石不得直接用于路堤填筑。

(3)填料粒径不应大于50cm,并不宜超过层厚的2/3,不均匀系数宜为15~20。路床底面以下40cm范围内,填料粒径应小于15cm。

(4)填石路基需配备大功率重型压实机具(冲击夯)进行冲击补强。

(5)路堤施工前,应先修筑试验路段,确定满足表3-2中对孔隙率标准的松铺厚度、压实机械型号及组合、压实速度及压实遍数、沉降差等参数的要求。

表 3-2　石料压实质量控制标准表

石　质	分　区	路面底面以下深度（cm）	摊铺层厚（mm）	最大粒径（mm）	压实干重度（kN/m^3）	孔隙率（%）
硬质石料	上路堤	80 ~ 150	≤400	小于层厚的 2/3	由试验确定	≤23
	下路堤	＞150	≤600	小于层厚的 2/3	由试验确定	≤25
中硬石料	上路堤	80 ~ 150	≤400	小于层厚的 2/3	由试验确定	≤22
	下路堤	＞150	≤500	小于层厚的 2/3	由试验确定	≤24
软质石料	上路堤	80 ~ 150	≤300	小于层厚	由试验确定	≤20
	下路堤	＞150	≤400	小于层厚	由试验确定	≤22

(6)填石路基开工报告(含试验段总结)已经批复。

2)施工工序

填石路基施工工序同路基填筑施工工序,见图 3-4。

3)施工要点

(1)填石路基宜用自卸汽车从一头上料向前推进。大型推土机按试验路确定的松铺厚度摊铺;边上料、边推铺,既能控制松铺厚度,又能使大小石料找到最佳位置,达到粗细颗粒分布均匀的效果,且又易于剔除超粒径石料,避免出现粗细颗粒离析的现象。

(2)采用中硬、坚硬石料填筑的路堤,应进行边坡码砌。边坡码砌石料强度、尺寸及码砌厚度应符合设计要求,边坡码砌与路基填筑应基本同步进行(附图 1.12)。

(3)填石路基应分层填筑、分层压实,分层摊铺厚度及最大粒径应满足表 3-2 规定的要求。最后一层碎石料粒径应小于 15cm,其中小于 0.05mm 的细粒含量不应小于 30%。当上层为细粒土时,应设置土工布作为隔离层。

(4)如填石路堤的填料岩性相差较大,特别是岩石强度相差较大时,应将不同岩性的填料分层或分段填筑,不得混填。

(5)填石路堤逐层填筑时,应安排好石料运输路线。填筑时,由专人指挥、水平分层、先低后高、先两侧后中央上料,并用大功率推土机摊平。个别不平处应配合细石块、石屑找平。

(6)当石块级配较差、料径较大、填层较厚、石块间空隙较大时,应在每层表面的空隙里扫入石渣、石屑或中粗砂,使空隙填满。

(7)人工铺填石料时,应先铺填大块石料,大面向下,小面向上,摆平放稳。再用小石块找平,用石屑塞缝,最后压实。

(8)填石路堤碾压时,应先两侧(靠路肩部分)后中间,压实路线对于轮碾应纵向互相平行,反复碾压。

4)质量控制

(1)填石路堤成型后,应确保外观质量。路堤表面无明显孔洞,大粒径石料不松动,铁锹挖动困难,边坡码砌紧贴、密实,无明显孔洞、松动,砌块间承接面向内倾斜,坡面平顺。

(2)填石路堤的质量检测,应采用施工参数与弯沉值联合控制。实测项目质量应满足规范《公路路基施工技术规范》(JTG F10—2006)的要求。

3.3.3 填挖交界处理

(1)半填半挖地段填方,应按设计要求分层填筑,避免因填筑不当,而出现路基纵横向裂缝。

(2)要认真清理半填断面的原地面,将原地面设置成向内倾的台阶(附图1.13),坡度宜为2% ~4%,再进行分层填筑。台阶宽度不得小于2m,在挖方一侧,台阶应与每条行车道宽度一致,位置重合。

(3)填筑时,必须从低处向高处分层摊铺碾压。特别要注意填、挖交界处的拼接,碾压时要做到密实、无拼痕。

(4)半填半挖路段的开挖,必须待下半填断面原地面处理好,经监理工程师检验合格后,方可开挖上挖方断面。对挖方中非适用材料必须废弃,严禁填在半填断面内。

3.3.4 涵、台背回填

1)一般要求

(1)结构物应达到设计或规范规定的强度,隐蔽工程应验收合格。

(2)应准备好符合要求的回填材料。除设计文件另有规定外,均应采用砂类土填筑(附图1.15)。

(3)大型机械设备碾压不到位的地方应配备小型夯实机械压实(附图1.14)。

2)施工工序(图3-5)

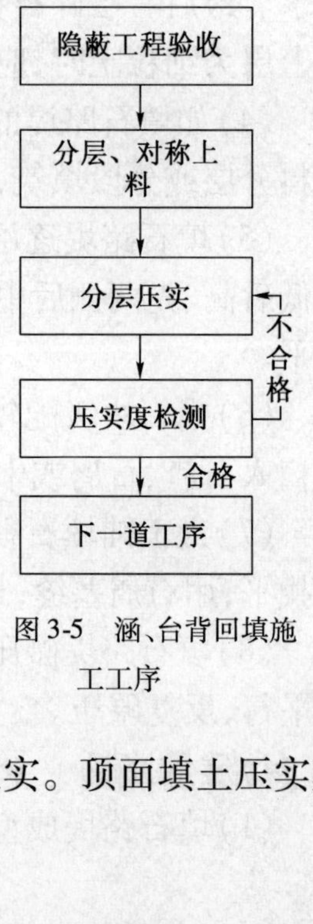

图3-5 涵、台背回填施工工序

3)施工要点

(1)桥涵填土的范围必须严格按照设计文件执行。做好过渡段,过渡段路堤压实度应不小于96%,同时,纵向和横向防排水系统应连接通畅。

(2)结构物的填土应分层填筑,严禁向坑内倾倒,每层最大松铺厚度不得大于20cm。与路堤交界处应挖台阶,台阶宽度不应小于1m。

(3)台背填土的顺序应符合设计要求。梁式桥的轻型桥台台背填土,宜在梁体安装完成后进行;柱、肋式桥台台背填土,宜在台帽施工前,柱、肋侧对称、平衡地进行。桥台背和锥坡的回填施工宜同步进行,一次填足,并保证压实整修后能达到设计宽度。台背回填部分的路床宜与路堤路床同步填筑(附图1.15)。

(4)涵洞应在盖板安装或浇筑后,在洞身两侧对称分层回填压实。顶面填土压实厚度大于50cm时,方可通过重型机械和汽车。

(5)结构物回填前,应在台背用油漆画好每一层的松铺厚度标志线(附图1.16),并分层回填压实。

(6)涵洞缺口填土,应在两侧对称均匀分层回填压实。如使用机械回填,则涵、台胸腔部分及检查井周围应先用小型压实机械压实后,方可用机械进行大面积回填。

(7)在填土过程中,应防止水的浸害。回填结束后,顶部应及时封闭。

(8)在涵洞两侧缺口填土未完成前,不得进行涵顶高程以上的填方施工。

4)质量控制

(1)涵、台背回填分层填筑,各分层松铺厚度不得大于20cm,压实度不得小于96%。

(2)桥涵台背、挡土墙墙背宜选用透水性良好的砂类土,其物理力学指标应满足表3-3规定的要求。

表3-3　涵、台背回填砂性土物理力学指标对照表

项　次	项　目	范　围	项　次	项　目	范　围
1	液限	<42%	3	最小干密度(g/cm^3)	>1.9
2	塑性指数	<12	4	颗粒含量(>0.075mm)	>85%

3.3.5　冲击增强补压

1)一般要求

(1)大于8m的高填方路基,必须采用冲击式压路机进行冲击补强。

(2)填土平面长或宽大于等于80m,且冲击碾压深度2m内无涵洞或其他构造物时,路基每填高2m应冲碾一次。填石路基每填高3m应冲碾一次,砂性土及含水率高的黏性土不适宜冲击增强碾压。

(3)在山坳地段较多的山区和冲碾设备无法进入的施工地段,可采用80t的强振动压路机进行碾压补强。

(4)常规压实应已完成并通过检测,并统计每段路的填筑高度、层数。

(5)测点布置:按每20m设一个横断面,每一横断面布置3个测点,分别是在路基中线和距离左、右外侧边线(含加宽部分)1m处,并测出所布每个测点的高程。测点布置图如图3-6所示。

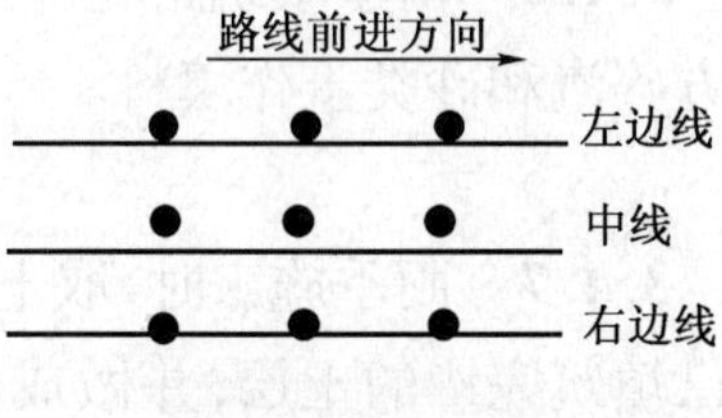

图3-6　测点布置图

(6)冲碾试验段工作已完成,试验段成果已得到批准认可。

2)施工工序(图3-7)

3)施工要点

(1)冲击碾压不得代替常规压实,路基冲击碾压前必须经检验("五度"检测)合格,并进行高程检测。

(2)原则上,路基每填高2m冲击碾压一次,每次为20遍,并应通过试验确定,路面底面(挖方段为石方的路段除外)顶面倒数第二层全线冲击碾压一次。

(3)对填土路基,冲碾后应对表层30cm厚范围内进行重新整平碾压,压实度应符合规范要求。

(4)冲击式压路机最大瞬间冲击功率不得小于25kJ,轮重为16t,动力不应小于294.2kW(400马力),行走速度不得小于10km/h(附图1.17)。

(5)冲碾时,应注意避免对涵洞或其他构造物造成损坏。

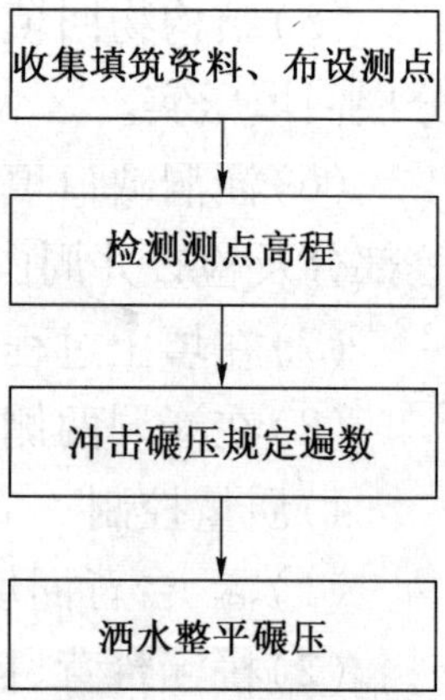

图3-7 冲击式压路机施工工序

3.4 雨季施工

3.4.1 雨季施工,应做好雨季施工项目安排。土方路堑作业一般应选择砂类土、碎砾石和弃方段施工,除施工车辆外,应严格控制其他车辆在施工场地通行。重黏土、膨胀土、盐渍土及利用方地段不宜在雨季施工。

3.4.2 为保证施工质量及施工安全,在路堑施工中,根据雨水情况,应合理安排工程项目和进度。对边沟、截水沟、排水沟及弃土堆的整理等,应在雨季前完成。应修建临时排水措施,保证雨季作业的场地不被洪水淹没,并能及时排除地面积水。

3.4.3 雨季开挖土质路堑时,应分层开挖,开挖面应设置排水纵横坡,以便及时排除积水。

3.4.4 雨季开挖路堑,挖至设计高程以上30~50cm时,应停止开挖,并在两侧挖排水沟,待雨季过后,再挖到路床设计高程。

3.4.5 低洼地段和高填深挖地段的土质路基、工程地质不良路段以及排水困难路段,不宜安排在雨季施工。

3.4.6 雨季填筑路堤施工时,应注意填料的选择。宜选用透水性的碎、卵石、砂砾、石方碎渣和砂类土作填料。

3.4.7 雨季施工时,取土、运土、铺填、压实等各道工序应连续进行,雨前应及时完成已填筑完毕的土层,并做成2%~4%的横坡度,按要求设置挡水埂、排水沟,以便排除积水。

3.4.8 应每天了解当地的天气变化情况,合理组织土方施工。运料车卸料后,推土机应立即跟上,推平距离够平地机工作时,平地机应尽快展开;遇到阴雨天气时,应及时碾压封住路基顶面,待天晴后再行翻晒、碾压。

3.5　安全文明施工

3.5.1　路基施工现场宜采用封闭式管理,现场出入口应悬挂“施工重地,闲人免进”的禁止标志(附图1.18)。

3.5.2　现场各类机械设备应符合“施工组织设计(方案)”要求,质量证明文件应齐全、状态良好。现场各类机械设备停放位置应合理规划、分区布置、摆放整齐。设备应安全可靠,运转正常,严禁带病作业。施工单位应定期对施工机械(具)设备进行检查维修、保养清洗。路基施工机械应符合下列要求:

(1)大型机械施工现场必须严格执行一机一人专职防护,做到“五个一”,即一机、一人(专职防护)、一本(机械施工日志)、一牌(设备标识牌)、一证(机械操作证)。每台机械都必须悬挂机械设备标识牌。

(2)施工现场安装、拆装大型施工机械时,必须由具有相应资质的单位承担,施工单位负责人、安质部长、安全(设备)主管工程师应到场把关。转场时,应有“专项方案、专项检测、专项见证、专项放行、专项检查”。技术负责人、领工员、安全员、技术员及监理员要现场把关。不得安排大型施工机械夜间转场、移机。大型施工机械作业时,现场必须有领工员、安全员、技术员、监理员等有关人员把关。

(3)正在使用的机械设备,应在醒目位置悬挂机械操作安全规定公示牌(安全操作规程)。在易发生机械伤害的场所和施工现场出入口,应设置禁止和警示标志。

(4)机械作业人员进入施工现场作业前,应按设备操作规程进行检查,作业中应严格遵守劳动纪律,不得酒后上岗或连续疲劳作业,应严格执行操作规程和相关安全规章制度,并做好设备使用、维护、保养记录。

(5)应定期检查施工现场各类机具设备。线缆接头必须绑扎牢固,确保不透水、不漏电;对穿越水、泥浆等位置应架空搭设。

(6)在挖掘机、装载机、吊车等机械作业范围内,如有高压线、管线等,应尽可能避免机械化作业或派专人指挥监控作业。挖掘机、装载机作业时,铲斗内、臂杆、履带和机棚上严禁载人,其回转范围内不得有人或机械通过。临近高压电缆以及起重机臂杆的回转半径达到施工现场范围以外的,均应按要求设置安全隔离设施。

(7)运输车辆防护,应符合当地的相关规定。运输车辆不得超速、超载、超限,不得人货混载,驾驶室不得超定员搭乘;自卸式汽车翻斗内严禁载人。

(8)使用提升架运送石料时,应有专人指挥和操作,严禁超负荷运行。严禁使用提升架载人。

(9)在施工场地狭小,行人和机械作业繁忙地段,应设临时交通指挥员。

(10)大型施工机械在施工现场必须做到四“严禁”,即严禁使用没有制造资质的企业生产的设备;严禁使用没有经过专业培训的低素质人员进行大型机械操作;严禁施工现场大型机械施工违章作业;严禁大型机械带故障作业。

(11)对于滑坡、崩塌、高陡边坡等高风险路基作业,应编制专项安全施工方案,安全措施应符合设计要求,经有关单位审批同意后方可施工。施工过程中,应设置明显的禁止、警告标志。

(12)路基开挖作业,应自上而下开挖,严禁掏底开挖,无因开挖不当而造成的堑坡塌滑现象。开挖应与装运作业相互错开进行,严禁双层作业。松动的土、石块应及时清除,弃土下方和滚石危及范围内的道路,应设警示标志。

3.5.3 施工现场应配备洒水设施,对施工道路或路基本体进行灭尘,不得出现天晴"扬灰"、下"雨水泥"现象。

3.5.4 施工现场应根据需要设置机动车辆冲洗设施、排水沟及沉淀池,施工污水经处理达标后,方可排入市政污水管网或河流。

3.5.5 不得随意占用或破坏与施工现场周围相邻的土地、道路、绿地以及各种公共设施场所;不得影响人们进出通行的道路和正常的活动。

3.5.6 路基挖方施工时,不许破坏截水沟与路基挖方开口线之间的原地表植被,以最大限度地保护自然环境。

4 路基排水

4.1 一般规定

4.1.1 施工前,应校核全线排水设计是否完善、合理,必要时应提出补充和修改意见,使全线的沟渠、管道、桥涵组合成完整的排水系统。临时排水设施应尽量与永久排水设施相结合,排水方案应因地制宜、经济适用。

4.1.2 施工前,应先完成临时排水设施。施工期间,应经常维护临时排水设施,保证水流畅通。

4.1.3 在路堤施工中,各施工作业层面应设 2% ~4% 的排水横坡,层面上不得有积水,并应采取措施防止水流冲刷边坡。

4.1.4 在路堑施工中,应及时将地表水排走。

4.1.5 各种路基排水设置和连接应尽量不占或少占农田,并与当地农田水利建设相配合。

4.1.6 施工中,应对地下水情况进行记录并及时反馈。

4.2 边沟、排水沟、截水沟

4.2.1 施工工序(图 4-1)

图 4-1 施工工序

4.2.2 施工要点

(1)排水沟、边沟、截水沟的测量放样应适当加密,确保沟体线形美观,达到线形顺直、圆滑,并按设计要求设置沉降缝。

(2)路基排水应按设计及规范要求施工,并依照实际地形选择合适的位置将地面水和地下水排导出路基外,并与自然水系相衔接。

(3)在路基施工前应先施工截水沟。截水沟砌筑后,在坡体上方一侧的砌体与山坡土体连接处,坡面地表水容易产生渗漏,应严格进行夯实和防渗处理。特别是在地质不良、土质松软、透水性大或岩石裂隙较多的地段,截水沟应采取沟底、沟壁、出水口加固措施,以防止因顺山坡流下来的地表水渗入而影响坡体稳定。

(4)截水沟顶面应略低于自然坡面,若遇冲沟,应设缺口将水导入截水沟。

(5)截水沟的长度超过500m时,应设置出水口,并将水引入自然河沟或桥涵进水口。截水沟的出水口,宜设置排水沟、急流槽或跌水,与其他排水设施平顺衔接。

(6)截水沟出水口一般应设深度不小于1m的截水墙或消能设施,以免出水口在水流作用下被冲毁;排水系统应完善,不得随意排放或直接冲刷边坡(附图1.19)。

(7)边沟、排水沟施工放样,一般以两个结构物之间的长度为一个单元,以确保边沟、排水沟与结构物的进出水口顺利连接。

(8)为防止边沟水流满溢或冲刷,应尽可能的利用当地的有利地形条件,采取相应措施,将边沟水流分段设置出水口排出路基外。三角形边沟每段长度不宜超过200m,多雨地区梯形边沟每段长度不宜超过300m。

(9)边沟纵坡应与曲线前后沟底纵坡平顺衔接,不允许曲线内侧有积水或外溢现象。曲线外侧边沟深度应适当加深。

(10)边沟加固,土质地段边沟沟底坡度大于3%时,易被水流冲刷,应采取加固措施。采用干砌片石铺砌边沟时,应选用有平整面的片石,砌缝用小石子嵌紧;采用浆砌片石铺筑时,砌缝砂浆强度应符合设计要求,砂浆应饱满,沟身应不漏水;采用沟底抹面加固时,抹面应平整压光。

(11)排水沟长度不宜过长,以免流量过大造成漫溢,一般不宜超过500m。

(12)排水沟距路基坡脚不宜小于3m。排水沟的出水口应采用跌水和急流槽将水流引入路基以外或桥涵构造物。排水沟一般应采用加固措施,防止冲刷。

(13)边沟基坑开挖至设计高程时,应留出5~10cm的富余,由人工修整成型,确保边沟、排水沟的边坡平整、稳定,严禁贴坡。基坑开挖后,需进行沟底高程复测,确保沟底纵坡衔接平顺。

(14)施工期间,永久性排水应与临时排水相结合,防止雨水冲刷;如路堑边沟每隔50m应预留排水孔道(附图1.20);填方路堤每隔50m采用机砖砌筑宽0.7m的临时流水槽与路堤排水沟相连接。

4.2.3 质量控制

(1)排水设施要求纵坡平顺,沟底平整,排水畅通。

(2)外观要求线形美观、平顺、圆滑。

(3)构造物要求坚实、稳定。

(4)基础伸缩缝应与墙身伸缩缝一致。

(5)砌体抹面应平整、压光、顺直,不得有裂缝、空鼓现象。

(6)实测项目质量应满足规范《公路工程质量检验评定标准》(JTG F80/1—2004)的规定。

4.3 跌水、急流槽

4.3.1 施工工序(图4-2)

图4-2 施工工序

4.3.2 施工要点

(1)跌水与急流槽宜用浆砌圬工结构;跌水的台阶高度应按设计或根据地形、地质等条件确定;多级台阶的各级高度可以不同,其高度与长度之比应与原地面坡度相适应,台阶高度应不大于0.6m,不同台阶坡面应上下对齐。

(2)跌水可用浆砌片石或水泥混凝土浇筑。沟槽、壁及消力池的边墙厚度:浆砌片石为0.25~0.4m,混凝土为0.2m,高度应高出计算水位至少0.2m,槽底厚度为0.25~0.4m,出口应设置隔水墙。

(3)跌水应按设计要求设施工消力槛。

(4)跌水槽一般筑成矩形,但跌水高度不宜过大,槽底纵坡应较缓,也可采用梯形断面。梯形跌水槽身应在台阶前0.5~1.0m和台阶后1.0~1.5m范围内加固。

(5)急流槽的纵坡,一般不宜超过1:1.5,可用浆砌片(块)石砌筑或混凝土浇筑。

(6)急流槽的基础应嵌入地面以下,其底部应按设计要求砌筑抗滑平台,并设置端护墙。

(7)进水槽和出水槽底部应采用片石铺砌。水泥浆勾缝长度一般不应小于10m;特殊情况下,应在下游铺设厚0.2~0.5m、长2.5m的防冲铺砌。

(8)长急流槽应分段砌筑。每段长宜控制在5~10m,接头处以防水材料填缝,应密实无空隙。

(9)急流槽宜砌成粗糙面,或嵌入约10cm×10cm坚石块,以消能减小流速。

(10)对于汇水面积较大的路堑边坡急流槽,应考虑加大、加深急流槽尺寸,并在底部设消能设施后,导入路基排水系统。

4.3.3 质量控制

(1)急流槽所用的混凝土及砌筑砂浆强度应满足设计要求。配合比应准确,浆砌缝隙砂浆应饱满,槽内抹面应平整、直顺。

(2)进口汇水流设施、出口消力槛等设施应砌筑牢固,不得有裂缝和空鼓现象。

(3)槽内抹面应平顺、无裂纹。

(4)设置坡度应顺直,无折坡现象。

(5)实测项目质量应满足规范《公路工程质量检验评定标准》(JTG F80/1—2004)规定的要求。

5　特殊路基处理

5.1　一般规定

5.1.1　特殊路基施工,应进行基础试验,编制专项施工组织设计,批准后实施。

5.1.2　施工中,如实际地质情况与设计不符或设计处治方案因故不能实施,应按有关规定办理。

5.1.3　采用新技术、新工艺、新设备、新材料时,必须制订相应的工艺、质量标准。

5.2　盲沟、渗沟施工

5.2.1　一般要求

盲沟、渗沟所需的原材料质量经检验应符合设计要求。

5.2.2　施工工序(图5-1)

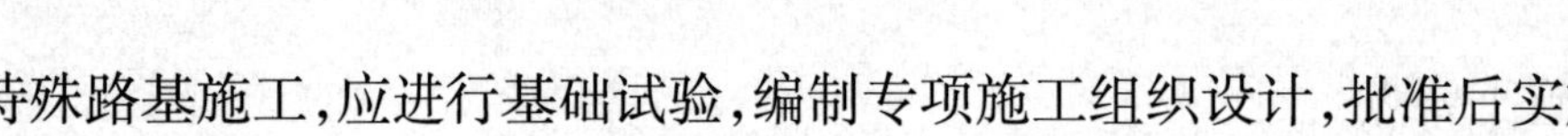

图5-1　施工工序

5.2.3　施工要点

(1)在地下水位高、流量不大、引水不长的地段可设盲沟,其深度不宜超过3m,宽度一般为0.7~1.0m;在地下水埋藏较深或引水较长的地段,可设置有管渗沟,其深度可达5~6m。

(2)各类渗沟均应设置排水层、反滤层和封闭层。

(3)渗沟、盲沟的基坑开挖,宜自下游向上游进行,应随挖随支撑或回填;暴露时间不宜超过7天,以免造成坍塌;支撑渗沟应间隔开挖。

(4)当渗沟开挖深度超过6m时,须选用框架式支撑。在开挖时,自上而下随挖随支撑;施工回填时,应自下而上逐步拆除支撑。

(5)盲沟的埋置深度,应满足渗水材料的顶部(封闭层以下)不得低于原有地下水位的要求。当需排除层间水时,盲沟底部应低于最下层的不透水层。

(6)当采用无纺土工布作反滤层时,应先在底部及两侧沟壁铺好就位,并预留顶部覆盖所需的土工布。拉直平顺紧贴下垫层,所有纵向或横向的搭缝应交替错开,搭接长度均不得小于30cm。

(7)盲沟的底部和中部宜用较大碎石或卵石(粒径30~50mm)填筑,在碎石或卵石的两侧和上部,按一定比例分层(层厚约150mm)较细颗粒的粒料(中砂、粗砂、砾石),做成反滤层,逐层的粒径比例按4:1递减。颗粒小于0.15mm的含量不应大于5%。在盲沟顶部做封闭层,应用防渗材料铺成,夯实黏土防水层厚度不得小于0.5m。

(8)渗沟的出水口宜设置端墙,端墙下部应留出渗沟排水通道大小一致的排水沟,端墙排水孔底面比排水沟沟底高出的部分不宜小于0.2m。对端墙出口的排水沟应进行加固,防止冲刷。

(9)填石盲沟仅宜用于渗流不长的地段,且纵坡不能小于1%,宜采用5%。出水口底面高程应高出沟外最高水位0.2m。

5.2.4 质量控制

(1)反滤层应层次分明,出水口应排水通畅。

(2)实测项目质量应满足规范《公路工程质量检验评定标准》(JTG F80/1—2004)规定的要求。

5.3 软土地基处理

5.3.1 一般要求

(1)对原材料、半成品、成品的检验应已完成。

(2)已取得有关软土地基处治试验路段的资料和总结报告。

(3)沉降观测所需的测试仪器应已落实到位。

(4)分项工程施工方案开工报告已得到批复,施工人员、施工机具等均满足施工进度的要求。

5.3.2 施工工序(图5-2)

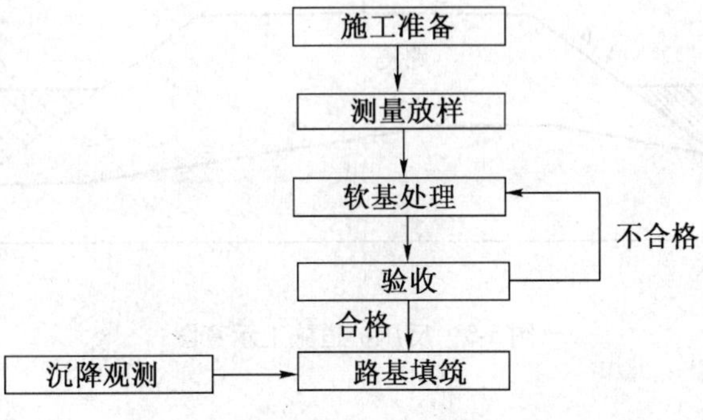

图5-2 施工工序

5.3.3 挖除换填

(1)挖除换填适用于厚度小于3m的不良土组,并易于挖出。

(2)按设计要求,将原地面以下一定深度和范围内的不良土组挖除,换填符合设计要求的材料,分层填筑并压实至设计规定的压实度。

5.3.4 垫层

(1)按设计要求,在清理的基底上铺筑符合要求的透水性材料,分层铺筑、压实。并宽出路基边脚不少于0.5m,两侧端按设计防护。

(2)施工中,应避免砂或砂砾受到污染,严重污染的应换料重填。

(3)施工成果示意图见图5-3和图5-4。

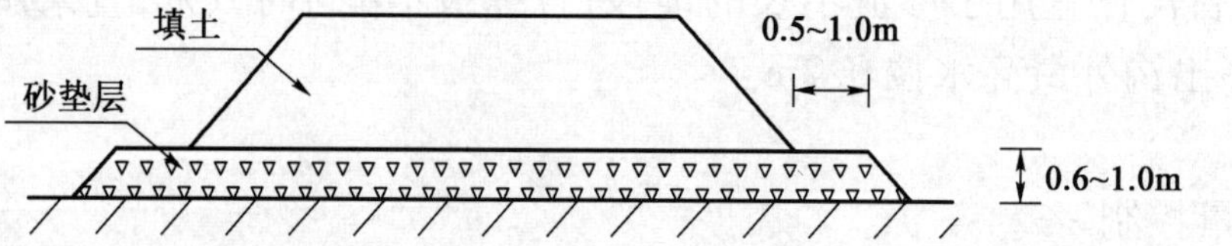

图5-3 砂垫层断面图

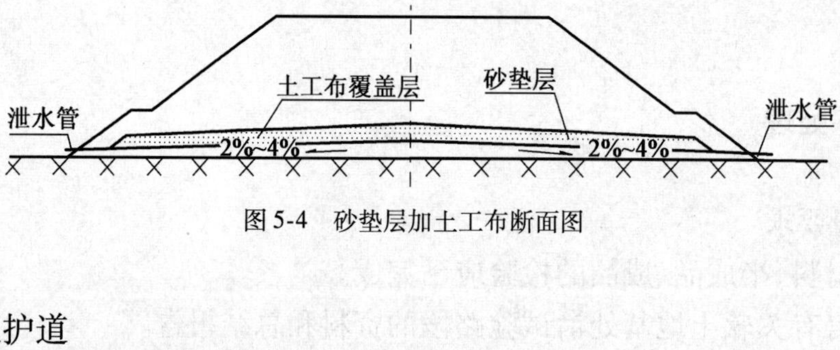

图5-4 砂垫层加土工布断面图

5.3.5 反压护道

(1)施工前应对原地面进行清理。

(2)反压护道应与路堤同时填筑,填料应符合设计要求。填筑时应分层,分层松铺厚度应经试验确定;逐层压实,压实度应符合设计要求。

(3)反压护道施工示意图见图5-5。

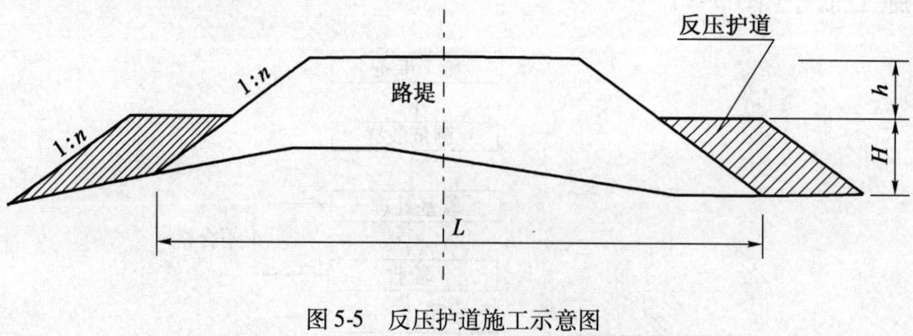

图5-5 反压护道施工示意图

5.3.6 砂桩、碎石桩

1）一般要求

（1）提前21天提供用于工程的砂、碎石材质检验报告，施工设备、施工方法需报监理工程师批准。

（2）施工前应进行成桩试验，确定施工工艺和参数。试桩数量应符合设计要求，且不得少于两根。

（3）砂桩桩体用砂应选用一定级配的中、粗、砾砂，含泥量不得大于5%；碎石桩桩体应选用一定级配且未风化的碎石或砾石，粒径宜为19～63mm，含泥量应小于10%（附图1.21）。

2）振动成桩法砂桩、碎石桩施工工序（图5-6）

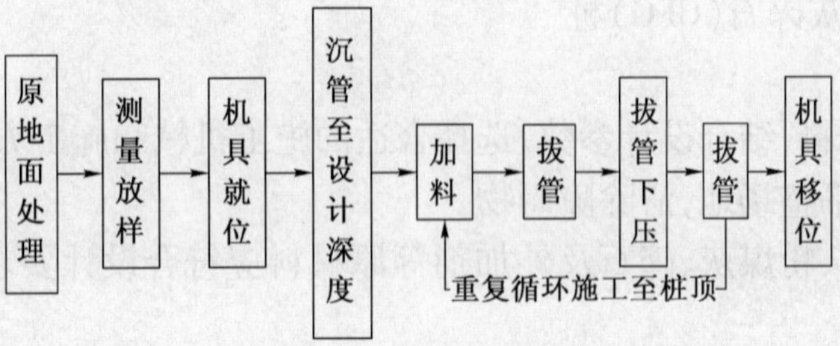

图5-6　砂桩、碎石桩施工工序

3）施工要点

（1）振动成桩法宜采用重复压拔管法。

（2）振动法施工应严格控制拔管高度、拔管速度、压管次数和时间、填砂量、电机工作电流，以保证桩体连续、均匀、密实。

（3）锤击法施工应根据冲击锤的能量，控制拔管高度、分段填砂量、贯入度，以确保桩体质量。

（4）施工中应选用适宜的桩尖结构。当选用活瓣式桩靴时，砂性土地基宜采用尖锥型，黏性土地基宜采用平底型。

（5）当实际灌砂（或碎石）量没有达到设计要求时，应在原位将桩打入。补充填灌砂（曳碎石）后复打一次，或在旁边补桩。

（6）砂（或碎石）桩施工时，砂性土地基应从外围或两侧向中间进行；以挤密为主的桩宜隔排施工。软弱黏性土地基宜从中间向外围或隔排施工。

（7）质量检测应在施工结束后间隔一定时间进行。饱和黏性土宜为两周，其他土为3～5天。

（8）砂（或碎石）桩处理软弱土地基应检验成桩及复合地基质量，其复合地基的承载力应符合设计要求。砂（或碎石）桩处理后的可液化土地基，桩间土的加固效果应符合设计要求。

（9）砂桩2m深度以下桩身密实度必须大于中密状态（$N63.5 \geqslant 10$），碎石桩桩身密实度应符合设计要求。

4）砂（或碎石）桩质量控制（表5-1）

表 5-1　砂(或碎石)桩施工允许偏差

项　次	项　目	单　位	容 许 偏 差
1	桩距	mm	±150
2	桩径	mm	不小于设计值
3	桩长	m	不小于设计值
4	竖直度	%	1.5
5	灌砂(或碎石)量	m^3	不小于设计值

注:碎石桩密实度抽查要求用重 II 型动力触探测试,贯入量为 10cm 时,击数应大于 5 次。

5.3.7　水泥粉煤灰碎石(CFG)桩

1)一般要求

(1)核查地质资料,结合设计参数,选择合适的施工机械和施工方法。

(2)测量放样,平整场地,清除障碍物。

(3)选用的水泥、粉煤灰、碎石及外加剂等原材料应符合设计要求,并按相关规定进行检验。

(4)按设计要求进行室内配合比试验,选定合适的配合比。

(5)施工前应进行成桩工艺试验,确定施工工艺和参数,试桩数量应符合设计要求,且不得少于两根。

2)振动沉管灌注施工

(1)施工工序(图 5-7)

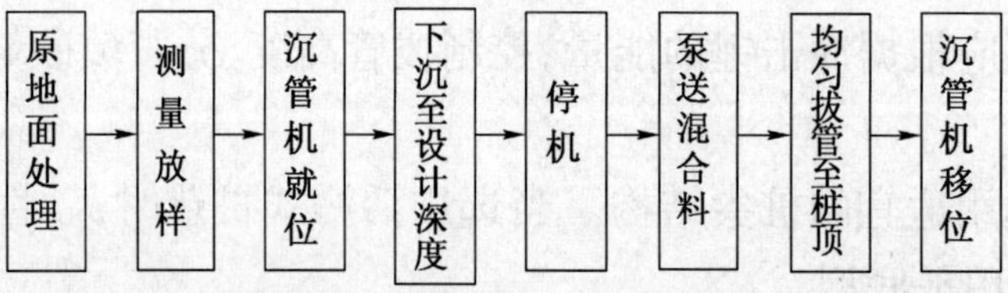

图 5-7　CFG 桩振动沉管灌注施工工序

(2)振动沉管灌注施工要点

①振动沉管至设计深度。在沉管过程中,每沉 1m 应记录电流表电流一次,并对土层变化处予以记录。

②用搅拌机拌和水泥、粉煤灰、碎石混合料,检查其坍落度。坍落度、拌和时间应按工艺性试验确定的参数进行控制,且拌和时间不得少于 1min。向管内一次投放混合料,投放数量按试桩时确定的数量进行,投料后留振 5 ~ 10s。

③拔管速率应按试桩确定的参数进行控制,拔管过程中不允许反插,如上料不足,需在拔管过程时空中加料,不允许停拔再投料,拔管至桩顶。施工桩顶高程宜高于设计高程 50cm,浮浆厚度不得超过 20cm。

④桩顶采用湿黏土封顶。

3)长螺旋钻管内泵压混合料灌注施工

(1)施工工序见图5-8。

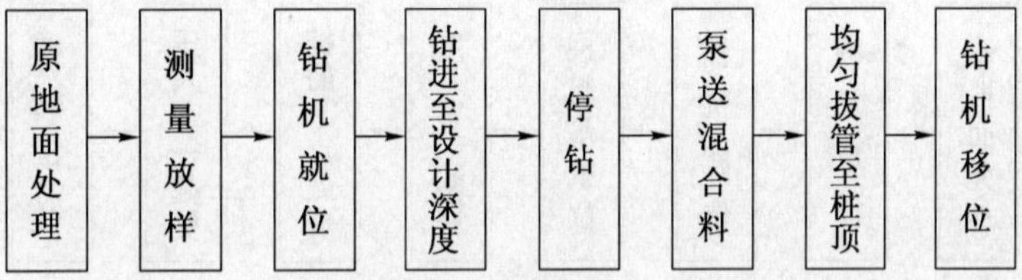

图5-8　CFG桩长螺旋钻管内泵压混合料灌注施工工序

(2)长螺旋钻管内泵压混合料灌注施工要点:

①钻至设计深度,停钻。

②搅拌水泥、粉煤灰、碎石混合料,检查其坍落度。向管内泵送混合料,混合料的泵送量按试桩确定的数量进行,泵送时不得停泵待料。

③拔管速率应按试桩确定参数进行控制,拔管速度应均匀,拔管至桩顶。施工桩顶高程宜高于设计高程50cm。

4)施工要点

(1)CFG桩的数量、布置形式及间距应符合设计要求。

(2)桩长、桩顶高程及直径应符合设计要求。

(3)褥垫层厚度和密实度应符合设计要求。

(4)在CFG桩施工中,每台班均需制作检查试件,进行28d强度检验。成桩28d后,应及时进行单桩承载力或复合地基承载力试验,其承载力应符合设计要求。

5)质量控制

CFG桩施工允许偏差应按表5-2的要求控制。

表5-2　CFG桩施工允许偏差

序　号	项　目	允许偏差	序　号	项　目	允许偏差
1	桩距	±100mm	4	桩长	不小于设计值
2	桩身垂直度	1.0%	5	桩体强度	不小于设计值
3	桩径	不小于设计值	6	单桩和复合地基承载力	不小于设计值

5.3.8　静压管桩

1)一般要求

(1)测量放样,平整场地,清除障碍物。

(2)按设计要求检验预制桩的质量。桩头损坏部分应截去,桩顶不平时应修切或修垫(钢筋混凝土桩)平整。

(3)试桩按照设计要求及有关规定进行。

2)施工工序(图5-9)

3)静压管桩施工要点

(1)桩机按设计桩位就位(附图1.22)。接桩时应长桩在下,接桩应符合设计要求。

(2)静压管桩应压至设计高程,其承载力应符合设计要求。否则将按规定办理加长或减短的变更。

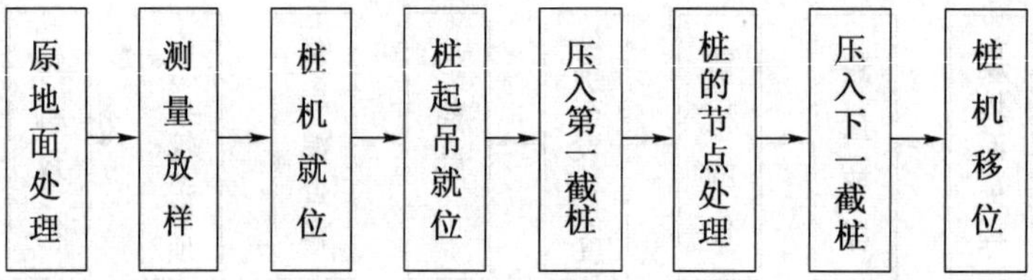

图 5-9　静压管桩施工工序

(3)成桩过程中遇有较难穿透的土层时,接桩宜在桩尖穿过该层土后进行。

(4)托板施工时,管桩与托板钢筋的连接应符合设计要求,静压管桩与托板钢筋应连接施工。

4)质量控制

静压桩施工质量应符合表 5-3 的规定。

表 5-3　静压管桩施工质量标准

项　次	检 查 项 目	规定值或允许偏差
1	桩距(mm)	±100
2	桩长	不小于设计值
3	竖直度(%)	1
4	单桩承载力	不小于设计值
5	托板高度(mm)	+20, -10
6	托板长度和高度(mm)	+30, -20
7	托板位置(mm)	50

5.4　河、塘、湖(库)、海地区路基施工

5.4.1　一般要求

(1)山坡地质、路基基底、水文条件、洪水影响等情况应已查清,并制订了相应措施。

(2)分项工程开工报告应已得到批复,施工现场人员、施工机具可满足施工进度及质量要求。

5.4.2　施工工序(图 5-10)

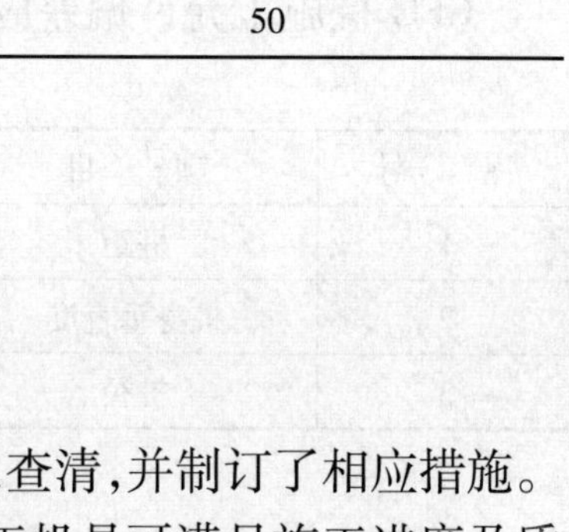

图 5-10　河、塘、湖(库)、海地区路基施工工序

5.4.3　施工要点

(1)填料与取土宜设置集中取土场。常水位以下路堤的施工材料,宜选用水稳性良好的材料,其粒径不宜大于 30cm。

(2)受水位涨落影响的部分,也宜选用水稳性良好的材料。

(3)严格按设计要求,并根据水流对路基破坏作用的性

质、程度进行防护和加固施工。当施工现场的实际情况与设计防护形式不符时,应按规定变更设计。防护方式一般可采用植物防护、石砌防护、混凝土板防护、石笼、抛石、挡土墙等措施或综合采用两种及两种以上的措施。

(4)山区沿河路基,应针对水流冲刷情况进行加固和防护,防洪工程宜在洪水期前完成,施工期间应注意防洪。穿越地质不良陡峻沟谷时,应查清有无泥石流影响,并采取相应排导、拦截措施。

5.4.4 质量控制

(1)必须确保路基稳定,路基施工应充分考虑地质、水文、洪水等对路基的破坏。

(2)路基施工的各项实测项目应符合《公路工程质量检验评定标准》(JTG F80/1—2004)的规定。

5.5 滑坡地段路基施工

5.5.1 一般要求

(1)制订滑坡治理安全预案,建立滑坡地段的动态监测网。

(2)查明滑坡的性质和原因及地质情况。

(3)完善滑坡地段的地表排水系统,无场地积水和漫流等情况。

(4)分项工程开工报告应得到批复,施工现场人员、机械设备应满足施工进度的要求,施工进度计划及分项工程的施工方案应已得到批准。

5.5.2 施工工序(图5-11)

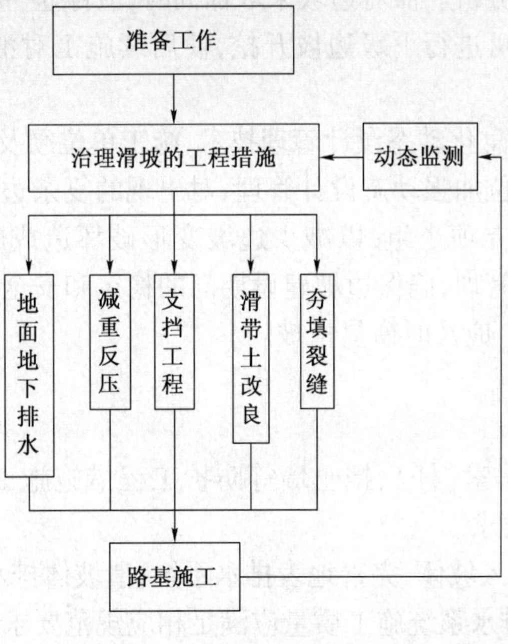

图5-11 滑坡地段路基施工工序

5.5.3 施工要点

(1)滑坡处理前,禁止在滑坡体上增加荷载,且严禁在滑坡体前缘减载。

(2)结合滑坡地段的自然排水沟及永久性排水工程,在施工过程中,应将滑坡体内的水疏通到自然沟与桥涵处排出;严禁地表水下渗进入滑体,从而加剧滑坡的发育。

(3)根据滑坡处治设计图,选择合适的施工方案与施工组织设计进行处治。滑坡处治应遵循以下原则:

①先应急工程,后永久工程;

②尽量选择在旱季施工;

③应先做好地面排水系统,不得使场地发生积水和漫流现象;

④场地堆料和弃土及排水不应影响滑坡的稳定性;

⑤支挡工程的施工应从滑坡两侧向主轴靠近,并应跳槽开挖,随挖随支挡,使工程尽快发挥作用;

⑥滑坡体的卸载应在滑坡体的后缘,严禁在滑坡前缘大拉槽、大放坡,从而加剧滑坡的滑动;

⑦施工中出现异常地质情况时,应会同有关单位研究处理;

⑧施工时,应采取措施截断流向滑坡体的地表水、地下水及临时用水;

⑨加强施工过程中滑坡的动态监测,以保证施工安全;

⑩抗滑支挡工程施工应有合理的施工方法和施工顺序,在上一道工序未达到设计要求前,不得进行下一道工序;

⑪避免临时机械设施大量布置在滑坡体上;

⑫抗滑桩、锚索框架梁、锚杆等,其施工技术标准应满足相应规范技术规定。

(4)在滑坡地段进行高路堑边坡开挖时,应自上而下进行。每开挖一级应对边坡进行工程地质、坡体稳定性分析。需对边坡采取加固时,应停止开挖下级边坡,待加固工程起到稳定边坡作用后,方可进行下级边坡开挖,使后续施工对滑坡稳定造成的影响降到最小。

(5)路堑边坡采用信息化动态设计管理技术,施工单位须及时上报边坡开挖、建设情况等信息,以便于设计单位加强动态设计管理;对出现的复杂边坡、变形边坡和滑坡等情况,业主需成立边坡治理专项小组,以减少边坡变形破坏造成的损失;在进行边坡建设时,业主须加强边坡咨询管理,确保边坡建设期间的稳定和安全。

(6)滑坡整治完成后,应及时恢复植被。

5.5.4 质量控制

(1)抗滑桩、预应力锚索(杆)、挡土墙等防护工程措施施工质量应满足相应规范的要求及福建省相关文件要求。

(2)封闭外界水源侵入坡体,完善地表排水系统;滑坡体排水工程措施须依据工程实际情况完善排水工程。排水系统施工质量应满足相应规范要求。

(3)必须建立滑坡体变形监测系统,制订变形监测方案并确定监测方法、频率等详细实施措施。监测工作必须由满足资质要求的单位承担,坡体变形监测成果必须按时报业主、监理、施工及相关管理单位。

(4)实测项目质量应满足规范《公路工程质量检验评定标准》(JTG F80/1—2004)规定的要求。

5.6 安全文明施工

5.6.1 软土路基处理桩基施工需注意:

(1)桩基作业区域应平整,采取安全防护措施并设立警示标志,非工作人员未经批准不得入内。

(2)各类桩基地面孔口四周必须搭设防护围栏,围栏采用钢筋牢固焊割。停止作业时,孔口应用盖板盖严,并设置围栏和警告标志。

(3)预制桩施工桩机作业时,严禁吊装、吊锤、回转、行走动作同时进行;桩机移动时,必须将桩锤落至最低位置;施打过程中,操作人员必须在桩锤安全距离外监视。

5.6.2 CFG 桩施工时,应清理输送管、输送泵和其他机械设备的废水、废油等有害物质和其他施工机械设备产生的废水、废油及生活污水,不得直接排入河流、湖泊或其他水域中,也不得排入饮用水源附近的土地中。水泥搅拌桩、高压旋喷桩施工时,水泥浆液应回收处理,不得直接排放。

6　路基防护

6.1　一般规定

6.1.1　施工作业面应按设计要求整修完毕。应完成施工放样,施工控制基线和施工水准点应已设置好。

6.1.2　路堤防护应在沉降稳定后进行,路堑防护应在开挖后及时进行,做到开挖一阶防护一阶。

6.1.3　施工所需各种合格材料应已进场,相关配合比已确定和批准。

6.2　浆砌片(块)石或混凝土预制块防护

6.2.1　施工工序(图6-1)

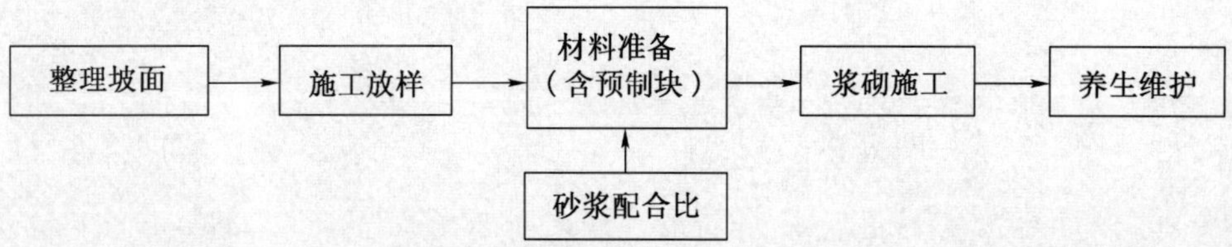

图6-1　浆砌施工工序

6.2.2　施工要点

(1)路堤边坡防护在完成刷坡后由下往上分级砌筑,路堑边坡防护的砌筑应在每级边坡完成后由下往上砌筑。

(2)砌筑前,坡面应整平、拍实。不得有凹凸现象或在低洼处用小石子垫平等现象,以及存在护坡厚度不均等弊端。

(3)砌筑石料表面应干净、无风化、裂缝和其他缺陷,石料应符合规范要求;砌筑时应平铺卧砌,石料的大面朝下,坡脚坡顶等外露面应选用较大的石块,并加以修整。

(4)混凝土预制块应集中统一预制,场地建设应按《福建省高速公路施工标准化管理指南(工地建设)》篇有关规定进行,护坡逐段成型后,方可进行砌筑安装。

(5)每个施工段落应采用拌和机集中拌和砂浆,砂浆应保持适宜的和易性和流动性,满足相关规范要求，随拌随用。

(6)砌筑时，砂浆应饱满密实，采用坐浆挤密施工；做到接缝交错、坡面平整、勾缝严密、养护及时；砌筑骨架时，应先砌筑衔接处，再砌筑其他部分骨架；两骨架衔接处应处于同一高度，骨架底部和顶部以及两侧范围内，应用浆砌片石或预制块镶边加固，骨架应嵌入坡面，与坡面密贴(附图1.23)。

(7)在进行路堤边坡铺砌时，铺砌层的砂砾垫层材料粒径一般不应大于50mm，含泥量不宜超过5%。垫层应与铺砌层配合铺砌，随铺随砌；铺砌时，应分段施工，按图纸要求设置伸缩缝、沉降缝，并做好泄水孔。

(8)护坡中下部应按设计设置泄水孔，以排泄护坡背面的积水和减少渗透压力。泄水孔后应设反滤层，在反滤层与土面交界处应垫设一层土工布，以利于泄水孔排水顺畅。

(9)骨架防护砌筑完成后，应及时种草或铺种草皮，骨架流水面应与草皮表面平顺。

(10)勾缝前应冲洗，砂浆应嵌入缝中，与石料牢固结合，勾缝宜采用凹缝。

(11)砂浆终凝前，砌体应覆盖。砂浆初凝后，应及时进行养生，养护期一般为5~7天。

6.2.3 质量控制

(1)使用的砂、片石等原材料或混凝土预制块必须符合设计及技术规范的要求。

(2)砌筑时，砌块要错缝，浆砌采用坐浆挤密，嵌缝后砂浆应饱满，无空洞现象；砌体基础应先行施工，并与平台侧沟同时砌筑，然后再施做同级坡面的上部砌筑工程。

(3)做到勾缝平顺，缝宽均匀，牢固且美观，无脱落现象。

(4)平面位置、基底高程等实测项目质量要求参见《公路工程质量检验评定标准》(JTG F80/1—2004)。

6.3 护面墙防护

6.3.1 施工工序

施工工序同6.2.1。

6.3.2 施工要点

(1)坡面应平整密实，线形顺直。局部有凹陷处，应挖台阶后用与墙身相同的圬工找平，不可回填土石或干砌片石；施工时，应立杆挂线或样板控制，并经常复核，以保持线形顺直，砌体平整。

(2)墙基应坚固可靠，当地基软弱时，应上报相关部门采取相应的措施处理。

(3)墙面及两端要砌筑平顺，墙背应设反滤层，且与坡面贴合密实。墙顶与边坡间的缝隙应封严；局部边坡镶砌时，应砌入坡面，表面与周边应平顺衔接。

(4)砌体石质应坚硬，严禁使用风化石。砌体必须紧密、错缝，严禁通缝叠砌、贴砌和浮塞。

(5)砌筑时，砂浆应饱满密实，采用坐浆挤密施工。养生要及时，砌体勾缝应牢固且美观。

(6)砌体砂浆应用拌和机集中拌和,砂浆的和易性、流动性应符合规范要求,随拌随用。

(7)按设计要求设置伸缩缝和泄水孔,伸缩缝间隙为2~3cm,施工完成后,用沥青麻絮填塞饱满;泄水孔位置应有利于泄水流向路侧边沟和排水沟,并保持顺畅。当有潜水露出且边坡流水较多的地方,应引水并适当加密泄水孔。

(8)砂浆初凝后,应及时进行覆盖养生,养护期一般为5~7天。

6.3.3 质量控制

(1)使用的砂、片石等原材料或混凝土预制块必须符合设计及技术规范的要求。

(2)砌筑时,砌块要错缝,浆砌采用坐浆挤密,嵌缝后砂浆应饱满,无空洞现象;砌体基础应先行施工,并与平台侧沟同时砌筑,然后再施做同级坡面的上部砌筑工程。

(3)做到勾缝平顺,缝宽均匀,牢固且美观,无脱落现象。

(4)平面位置、基底高程等实测项目质量要求参见《公路工程质量检验评定标准》(JTG F80/1—2004)。

(5)要严格按设计设置反滤层及泄水孔,护坡基础地基应符合设计要求。

6.4 路基生态防护

路基生态防护按《福建省高速公路施工标准化管理指南(边坡生态恢复)》篇进行施工。

7 挡土墙

7.1 一般要求

(1)挡土墙施工前,应做好截、排水及防渗设施。

(2)在岩体破碎、土质松软或地下水丰富的地段修建挡土墙,宜避开雨季施工。

7.2 施工工序

施工工序见图 7-1。

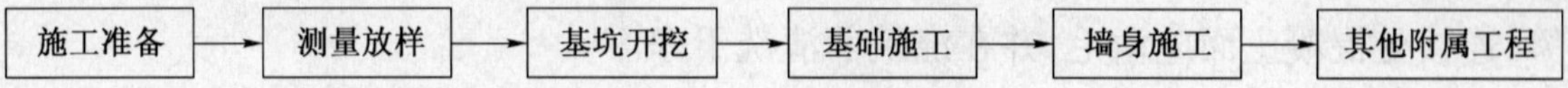

图 7-1 浆砌片(块)石挡土墙、混凝土挡土墙施工工序

7.3 施工要点

1)基坑开挖

(1)基坑开挖应进行详细的测量定位,并标出开挖线。基坑开挖应分段跳槽开挖,边坡稳定性差或基坑开挖较深时,应设置临时支护。

(2)基坑开挖时,应核对地质情况,对基底应进行承载力检测。当达到设计的基坑承载力要求时,方可进行下一道施工工序;若不能达到设计基坑承载力的要求,应根据设计要求及有关规范处理,达到设计要求后,方可继续下一道工序的施工。

(3)基槽开挖应做好临时防、排水措施,确保基坑不受水的侵害。

2)挡土墙基础

(1)挡土墙在基础施工前,应做好场地临时排水。土质基坑应保持干燥,雨天施工坑内积水应及时排除,受水浸泡的基底土应全部予以清除,并以满足填筑要求的土体回填(或以砂、砾石夯填)至设计高程。

(2)墙基础直接置于天然地基上时,应经检验并报监理工程师同意后,方可开始砌筑。有渗透水时,应及时排除;在岩体或土质松软、有水地段,应避开雨季,分段集中施工。

(3)墙基础采用倾斜地基时,应按设计倾斜挖凿,不得用填补法筑成斜面。

(4)当挡土墙基础设置在岩石的横坡上时,应清除岩石表面风化层,并按设计凿成台阶;当沿墙长度方向有纵坡时,应沿纵向按设计要求做成台阶。

3)挡土墙墙身

(1)浆砌片(块)石挡土墙砌筑时必须两面立杆或样板挂线,外面线应顺直整齐,逐层收坡,内外线顺直。在砌筑过程中,应经常校正线杆,以保证砌体各部尺寸符合设计要求。

(2)砌筑墙身时,如基底为基岩或混凝土基础,应先将表面加以清洗、湿润,坐浆砌筑。砌筑工作中断后再进行砌筑时,应将砌层表面加以清扫和湿润。

(3)砌体应分层坐浆砌筑。砌筑上层时,不应振动下一层,不得在已砌好的砌体上抛掷、滚动、翻转和敲击石块。砌筑完后,应进行勾缝。

(4)挡土墙应分段砌筑,工作段的位置宜在伸缩缝或沉降缝之处。各段水平缝应一致;分段挡土墙时,相邻段的高差不宜超过 1.2m。

(5)挡土墙的泄水孔应预先埋设,向排水方向倾斜,保证排水顺畅,不得反倾斜。在折线挡土墙易积水处应设泄水孔。

(6)砌体石块应互相咬接,砌缝砂浆应饱满。砌缝宽度一般不大于 3cm(浆砌块石),上下层错缝(竖缝)距离不得小于 8cm,并应尽量使每层石料顶面自身形成一个较平整的水平面。

(7)砌体出地面后,浆砌强度达到 70% 以上后,方可回填墙背填料。

(8)混凝土挡土墙的浇筑应符合设计和规范要求。当进行分层浇筑时,应注意预埋石笋,连接处混凝土面应凿毛,并在浇筑前清洗干净。

4)墙背填料、填筑

(1)墙背填料应选择透水性强、易排水、抗剪强度大且稳定的填料。碎石土、砂类土力学性能稳定、受水影响较小,因而应优先选择渗透性良好的碎石类土、砂类土作填料。填料中严禁含有有机物、草皮、树根、冰块等杂物及生活垃圾。

(2)浸水挡土墙的墙背应全部采用水稳定性和透水性良好的材料填筑。

(3)挡土墙的墙体达到设计强度的 75% 以上时,方可进行墙后填料施工。挡土墙顶面应做成与路肩一致的横坡度,以便排除路面水。

(4)墙后必须回填均匀、摊铺平整,填料顶面应按设计要求设置横坡,其坡度一般为 2% ~3%。在墙后 1m 范围内,不得有大型机械行驶或作业。墙后填筑时,应分层填筑,松铺厚度应不超过 20cm,压实度应满足规范和设计文件的要求。

7.4 质量控制

(1)砌体表面应平整,砌缝应完好、无开裂现象;勾缝应平顺、无脱落现象,泄水孔坡度应向外,无堵塞现象;沉降缝应整齐垂直,上下贯通,施工完后用麻絮沥青填塞。

(2)混凝土的表面应平整,表面的蜂窝麻面不得超过该面积的 0.5%,深度不得超过 8mm。

(3)位于弯道处的挡土墙应平顺、圆滑、美观。

(4)实测项目质量应满足规范《公路工程质量检验评定标准》(JTG F80/1—2004)规定的要求。

8 预应力锚索(杆)

8.1 一般规定

8.1.1 锚固工程计划设计图、边坡岩土性质等资料应齐全。

8.1.2 施工场地、临时便道应已修建硬化完成,且场地硬化应满足相关文件规定的要求;施工用水、用电应已到位。

8.1.3 根据现场的情况、设计文件和工期要求,编制完成施工组织设计,制订施工进度计划,并已建立质量保证体系和安全保证体系。

8.1.4 分项工程开工报告应已批复。

8.1.5 工地现场管理人员、专业技术人员、技术工人和普通工人应到位,且配备合理。

8.1.6 施工所需机械设备、测量仪器、检测仪器应已进场。

8.1.7 施工用材料应已进场,并且材料有关性能指标均已达到设计要求,并符合国家标准或行业规范的要求。

8.1.8 现场各种施工标志牌(工程概况、安全标示、操作规程、材料标示等)应已制作安装完成。

8.1.9 已对边坡进行中线、水平、横断面的复测,并已在边坡上按设计图纸确定了预应力锚索(杆)的位置。

8.2 施工工序

8.2.1 锚索(杆)施工的内容包括施工准备、造孔、锚索(杆)制作与安装、混凝土结构钢筋制安、注浆、锚索(杆)张拉锁定、验收、封锚 7 个环节。

8.2.2 预应力锚索(杆)施工工序如图 8-1 所示。

图8-1为使用自由段无套管的预应力筋时采用二次注浆的基本施工工序,若采用自由段带套管的预应力筋时,宜在锚固段长度和自由段长度内采取同步一次性全段注浆,并且,高压劈裂压浆仅限于设计要求提高地层锚固力或有其他特殊要求时采用。

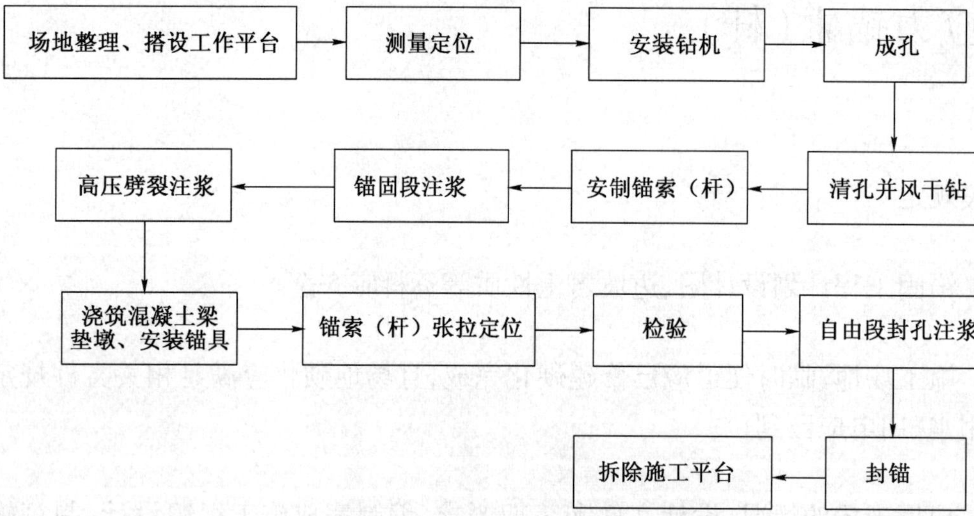

图8-1 锚索(杆)施工工序

8.3 施工要点

8.3.1 施工准备

(1)设计锚固工程坡面开挖成形,并经验收合格。

(2)施工作业开始之前,应进行预应力锚索(杆)的基本试验(附图1.24),并向监理工程师和设计代表提交试验报告,待试验报告批准并经设计锚固参数确认或调整后,方可进行预应力锚索(杆)工程施工作业。锚索(杆)试验孔位置由监理和设计代表现场确定。

(3)在进行施工场地整理及搭设工作平台时,施工方需对已施工完成的坡面依据设计图纸进行测量,确定预应力锚索(杆)的位置。

8.3.2 造孔

(1)锚孔测放:根据设计图,将锚孔位置准确测放在坡面上。

(2)钻孔设备:根据锚固地层类型、锚孔孔径、深度及施工场地条件等选择钻孔设备。严禁采用地质钻机成孔,在易于塌缩孔或卡钻埋钻的地层中,应采用跟管钻进技术(附图1.25)。

(3)钻机就位:锚孔开钻就位纵横误差应≤±50mm,高程误差应≤±100mm,钻孔倾角和方向要符合设计要求,倾角误差应≤±1.0°,方位误差应≤±2.0°。

(4)钻进方式:锚孔钻进应采用无水干钻,以防因钻孔施工使坡体地质条件恶化。

(5)钻进过程:在钻进过程中,应对地层变化、钻进状态(钻压、钻速)、地下水及一些特殊情况做好现场施工记录。

(6)孔径孔深:钻孔孔径、孔深应满足设计值要求。

(7)锚孔清理:钻进达到设计深度之后,必须稳钻1~2min。钻孔完成后,原则上要求使用高压空气(风压0.2~0.4MPa)将孔内岩粉及水体全部清除出孔外。

(8)锚孔检验:锚孔成孔结束后,需经现场监理检验合格后,方可进行下道工序。同时要求复查锚孔孔位、倾角和方位,全部锚孔施工分项工作合格后,即可认为锚孔钻造检验合格(锚孔底部的偏斜应满足设计要求,可用钻孔测斜仪控制和检测)。

8.3.3 锚索(杆)制作与安装

(1)锚筋体材料:主要以预应力锚索、预应力锚杆和非预应力锚杆为主。

(2)锚筋体组装:锚筋体的组装应遵守下列规定。

①锚筋体组装必须搭设组装平台,平台高度不得小于30cm。

②锚杆组装时,钢筋应平直,除油、除锈处理要合格。锚杆接头采用专用锚杆连接接头,不得采用焊接技术。锚杆体自由段按设计要求采用塑料套管,与锚固段连接处应用铅丝绑牢和封扎严实,并应满足设计要求,且防腐处理合格。

③锚索编束时,每根钢绞线或高强钢丝需顺直,要严格依据设计尺寸下料,每股长度误差不得大于±50mm。钢绞线要求采用机械切割(附图1.26),严禁采用电弧切割,并需经除油和除锈处理合格,对有死弯、机械损伤及锈坑材料应剔除。同时,要求按设计要求进行防腐处理。若采用压力分散型锚索或其他荷载分散型锚索,应严格按照设计相关要求下料和编制。

④锚索体完成隔离支架与紧箍环的组装后,应在其底端接装导向帽。导向帽尺寸应严格按设计要求制作,尺寸制作误差应≤±5mm,接装定位误差应≤±20mm。导向帽宜采用铁丝绑接牢固,不宜采用焊接方式。

⑤当采用二次补充注浆的锚筋体组装时,应同时装放二次注浆管和止浆密封装置;当采用高压劈裂注浆提高地层锚固力时,要求以浆体强度控制开始劈注时间(一次浆体强度为5MPa),并注意二次注浆管之锚固段内应设花孔和封塞。

⑥压力分散型(拉压复合型)锚索锚固段钢质承载板与挤压套(附图1.27)之间要求采用对拉栓接固定,所有钢质材料外露部分表面要求涂刷防锈漆加以保护。挤压套要求进行现场挤压抽样试验,抽样数量宜为1%~2%,试验荷载一般不小于200kN;对外锚头所用锚具也必须进行抽样试验,一般抽样数量为3%~5%,并应满足相关技术指标。对于压力分散型(拉压复合型)锚索,各单元锚索应有明确可靠的标记,以便采用差异分步张拉。

(3)锚筋体防腐:锚筋体自由段的防腐与隔离应严格按照设计要求施做;锚筋体的防腐宜采用无黏结预应力筋和压力分散型锚头等技术,以提高自由段的防腐等级和改善锚固段的工作状态。

(4)锚筋体长度:锚固段长度制作允许误差为±50mm,自由段长度除应满足设计要求外,还应充分考虑张拉设备和施工工艺的要求,一般预留超长1.0~1.5m。

(5)锚筋体检验:锚筋体制作完成后,筋股顺直完好,不得有死弯硬折或严重碰割损伤,排列分布与编束绑架应符合设计要求。锚筋自由段防锈漆、防腐油和各项缠绕密封措施应符合设计要求,防锈漆刷盖应均匀,不得见黑底;锚筋自由段塑料套管、注浆套管、隔离(对中)支架、紧箍环,以及导向尖壳绑扎捆架应符合设计要求,塑料套管绑扎应稳固密塞,具有足够强度,外观完好,无破损修补痕迹;隔离(对中)支架、紧箍环和导向尖壳等应分布均匀、定位准确,绑扎结实稳固。并且,应按锚筋体长度和规格型号进行编号挂牌,使用前,需经现场监理工程师认可。

(6)锚筋体的储存、运输与吊装:组装完成的锚筋体应顺直分开,保证通风干燥。在运输和吊装过程中,应细心操作,不得损伤锚筋体及其防护介质和组成部件。

(7)锚筋体安装:锚筋体入放锚孔前,应检查锚筋体制作质量,确保锚筋体组装满足设计要求,并需经现场监理工程师认可。

8.3.4 注浆施工

锚孔钻造完成后,应及时安装锚固体,并进行锚孔注浆,原则上不得超过24h。

(1)注浆设备:注浆设备应根据设计要求采用相应的注浆材料、注浆方式和注浆压力,并结合实际锚固地层情况,综合确定选用相应注浆设备(附图1.28)。

(2)注浆材料:注浆材料应依据设计图纸要求确定。一般宜选用灰砂比为1:2~1:1,水灰比为0.38~0.45的水泥砂浆或水灰比为0.4~0.45的纯水泥浆,必要时可以加入一定量的外加剂或掺加剂。

(3)原材料要求:水泥宜使用普通硅酸盐水泥,必要时可采用抗硫酸盐水泥,不得使用高铝水泥。细骨料应选用粒径小于2mm的中细砂;砂的含泥量按质量计不得大于3%;砂中所含云母、有机质、硫化物及硫酸盐等有害物质的含量,按质量计不宜大于1%。拌和水中不应含有影响水泥正常凝结与硬化的有害物质,不得使用污水;永久性锚固工程不得使用pH值小于4.0的酸性水和硫酸盐含量按SO_4^{2-}计算超过水重1%的水。必要时,水泥浆中可加入控制泌水或延缓凝结等外加剂,但必须符合产品标准;水泥浆中氯化物的总含量不得超过水泥质量的1%;除二次高压注浆(劈裂注浆)和自由段二次注浆(补充注浆)外,一般不宜采用膨胀剂。

(4)注浆浆液:注浆浆液应严格按照配合比搅拌均匀,随搅随用,浆液应在初凝前完成,并严防石块、杂物混入浆液。注浆浆体强度不应低于20MPa。

(5)注浆结束:锚孔灌浆作业一般宜用孔底返浆方式注浆,直至锚孔孔口溢出浆液或排气管停止排气时,方可停止注浆。

(6)注浆记录与试验:在注浆作业过程中,应做好注浆记录。同时,每批次注浆都应进行浆体强度试验,且不得小于两组,保证满足设计浆体强度的要求(附图1.29)。

(7)一次常压注浆:一次常压注浆分为锚固段注浆和全段一次性注浆两种注浆方式,一般常采用全段一次性注浆。

(8)二次补充注浆:二次补充注浆适用于一次常压锚固段注浆的情况,即在预应力张拉锁定工序完成之后,对锚固体的自由段进行补充充填注浆。

(9)二次高压注浆(劈裂注浆):根据设计要求,为提高锚固段的抗拔能力,宜采用二次高压注浆,即劈裂注浆。二次高压注浆的注浆材料宜选用水灰比为0.45~0.5的纯水泥浆。对锚固体的二次高压注浆,应在一次注浆形成的水泥结石体强度达到5.0MPa时进行,注浆压力、注浆数量和注浆时间可根据锚固体的体积及锚固地层情况确定,并分段依次由下至上进行。

8.3.5 张拉锁定与封锚

(1)张拉锁定设备:锚筋的张拉必须采用专用设备,作业前应对张拉机具设备进行标定,锚筋锁定工作应采用符合技术要求的机具。对锚杆的张拉锁定,根据设计要求,亦可使用简易张拉方式和相应锁定器具。

(2)锚筋张拉:锚筋张拉应遵守下列规定。

①锚斜托台座的承压面应平整,并与锚筋的轴线方向垂直。

②锚具安装应与锚垫板和千斤顶密贴对中,千斤顶轴线与锚孔及锚筋体轴线在一条直线上,不得弯压或偏折锚头,确保承载均匀同轴,必要时,可用钢质垫片调整。

③锚固体与台座混凝土强度均达到设计强度的80%以上时,方可进行张拉(如为抽验锚孔,应在达到设计强度的条件下,待验收试验结束后进行)。

④锚筋张拉应按一定程序进行,锚筋张拉顺序,还应考虑邻近锚孔的相互影响。

⑤锚筋正式张拉之前,应取设计张拉力值的10%~20%对锚筋进行1~2次预张拉,以确保锚固体各部分接触密贴,锚筋体顺布平直。

⑥永久锚筋张拉控制应力不应超过其极限应力值的60%,临时锚筋张拉控制应力不应超过其极限应力值的65%。

(3)锚筋张拉程序:锚筋张拉程序应严格按照设计要求作业。

(4)锚筋锁定:锚筋张拉至设定最大张拉荷载值后,应持荷稳定10~15min,然后卸荷进行锁定作业。锁定使用的锚具和夹片应符合技术标准与质量要求。若发现有明显预应力损失,应及时进行补偿张拉。

(5)锚孔封锚:锚筋锁定后,需用机械切割余露锚筋,严禁用电弧烧割,并应留长5~10cm外露锚筋,以防拽滑。最后用水泥净浆注满锚垫板及锚头各部分空隙,并按设计要求封锚处理,封锚混凝土宜不低于20MPa,防止锈蚀并兼顾美观。

8.4 质量控制

8.4.1 锚固工程开工前,应对锚索(杆)进行性能试验(破坏性抗拔试验),以确定锚索(杆)的极限承载力,检验锚索(杆)在超过设计拉力并接近极限拉力条件下的工作性能和安全程度,以便在正式使用前调整锚索(杆)结构参数或改进锚索(杆)的制作工艺,保证施工质量。

8.4.2 进场的钢绞线(钢筋)必须验明其产地、生产日期、出产日期、型号规格,并应核实生产厂家的资质证书及其各项力学性能指标,同时必须进行抽样检验,确保其各项参数达到锚固施工要求。

8.4.3 锚索体钢绞线表面应没有损伤、没有锈蚀。

8.4.4 按设计要求选择水泥浆体材料,并对进场水泥复查其力学性能。

8.4.5 锚孔检验标准如表8-1所示。

表8-1 锚孔检验标准

项次	检验项目		规定值或允许偏差	检验方法及频率
1	孔位	坡面纵向	±50mm	用经纬仪或拉线和尺量检查
		坡面横向	±50mm	
		孔口高程	±100mm	用水准仪或拉线和尺量检查
2	孔向	孔轴线倾角	±0.5°	用测角仪或地质罗盘检查
		孔轴线方位	±1.0°	用测角仪或地质罗盘检查
		孔底偏斜	锚孔深度的3%	用钻孔测斜仪检查
3	孔径		设计孔径的+5%,0	验孔或尺量检查
4	孔深		大于设计深度200~500mm	验孔或尺量检查

8.4.6 锚索张拉前,应对张拉设备进行鉴定,孔口支撑墩尺寸和混凝土强度应满足张拉要求。在张拉过程中,应仔细观察锚索应力的变化,如发现明显的松弛,应分析原因并采取措施。

8.4.7 压浆过程中,应详细地记录水泥浆用量,一般实际用量应高于计算用量的20%,孔口应流出灰浆。如用浆量太大,应做好记录,根据实际情况,判别是否由岩层裂隙或空洞造成。

8.4.8 张拉施加荷载和观测变形的时间如表8-2所示。

表8-2 张拉施加荷载和观测变形的时间

张拉荷载分级	观测时间(min)		张拉荷载分级	观测时间(min)	
	砂质土	黏性土		砂质土	黏性土
$0.1N_t$	5	5	$1.00N_t$	5	5
$0.25N_t$	5	5	$(1.10\sim1.20)N_t$	10	10
$0.50N_t$	5	5	锁定荷载	10	10
$0.75N_t$	5	5			

注:N_t 为锚索设计拉力,即最终锁定荷载。

8.5 锚索(杆、地梁)框架

8.5.1 框架梁钢筋绑扎、混凝土浇筑

(1)根据设计图纸要求,对锚孔位置及框架放线定位,并应满足要求。

(2)依据设计图纸的框架竖梁、横梁尺寸及模板厚度,精确挖出竖梁、横梁肋轮廓。且坡面必须刻槽,深度应满足设计图纸要求。

(3)在施工安置框架钢筋之前,先要清除框架基础底浮渣,并对梁底地基砂浆进行调平,保证基础密实、平整。

(4)模板拼装要平整、严密,净空尺寸要准确,符合设计要求。模板表面应刷隔离剂,便于脱模。

(5)钢筋绑扎接头需错开,同一截面钢筋接头数不得超过钢筋总根数的1/2,且有焊接接头的截面之间的距离不得小于1m。

(6)灌注混凝土前,必须将锚具中的螺旋钢筋、波纹管(宜用钢质)和锚垫板按设计要求固定在地梁或立柱的钢筋上,方向与锚孔方向应一致,摆放平整,再一起现场浇筑、振捣,尤其在锚孔周围,钢筋较密集处,应仔细振捣,以保证质量。

(7)框架应分片施工,每片由2~3根立柱及其横梁、顶梁组成。两相邻框架接触处(横梁、顶梁)应留2cm宽伸缩缝,用浸沥青木板填塞。

8.5.2 现浇混凝土框架梁,锚固板应达到设计强度的70%后,方可进行锚索张拉。

8.5.3 地梁和框架混凝土质量应满足下列要求:

(1)预留(埋)孔位、孔径和倾角等应符合施工图的设计要求。

(2)锚斜托的承力面应平整,且应与锚索受力方向垂直。

(3)锚索地梁或框架强度应满足设计要求,外观上应顺直、美观,无麻面。

(4)锚索地梁或框架允许偏差和检查方法应符合表8-3的规定。

表8-3 地梁或框架的允许误差和检查方法

序 号	检 查 项 目	规定值或允许偏差	检查方法
1	孔距偏差	±50mm	每20m用经纬仪检查3点
2	孔口高程	±100mm	每20m用水准仪检查3点
3	锚索轴线误差	±3°	查施工记录,每20m查2根
4	框架地梁混凝土强度	满足设计要求	每个工点取3组试样试验
5	框架地梁断面尺寸	满足设计要求	每5根抽查1根

8.6 锚索(杆)检测

依据相关文件要求,对锚固工程进行质量检测。检测内容主要为锚索(杆)抗拔力和锚索(杆)长度。

8.6.1 锚索(杆)抗拔力检测

对于锚固工程抗拔力检测试验,检测孔的选取应根据普遍性和代表性的原则以及日常业主检查情况进行随机选取,一旦选取,则不得随意更改。抽检数量为工程锚索(杆)总数的2% ~5%(附图1.30)。

8.6.2 锚索(杆)长度检测

锚固工程锚筋体长度的检测,采取现场随机抽取的原则,抽检数量为工程锚索(杆)总数的2% ~5%,且同一类型锚筋不得少于1根(附图1.31、附图1.32)。锚索(杆)的检测项目如表8-4所示。

表8-4 锚索(杆)检测项目

检测项目	检测仪器设备	检测方法	检测、评定依据	评定标准
锚杆长度检测	JL-MG型锚杆质量检测仪	超声波无损检测技术	《锚杆喷射混凝土支护技术规范》(GB 50086—2001);《建筑边坡工程技术规范》(GB 50330—2002)	抽检锚(索)杆长度与设计长度相比,误差在5%以内,则为该锚(索)杆的长度合格;否则为不合格
锚索长度检测				
锚杆抗拔力检测	液压千斤顶油压表百分表	分级加荷位移计算法	《土层锚杆设计与施工规范》(CECS 22:90);《公路工程质量检验评定标准》(JTG F80/1—2004);《混凝土结构工程施工质量验收规范》(GB 50204—2002)	抽检锚(索)杆抗拔力满足1.5倍设计荷载,并且锚索(杆)伸长量满足设计要求,则为该孔锚(索)杆的抗拔力合格,否则为不合格
锚索抗拔力检测				

9　涵洞、通道

9.1　一般规定

9.1.1　外购的圆管涵,质量检测、厂商质保资料应齐全,并已取得监理工程师的批复。

9.1.2　分项工程开工报告应已得到批复;施工进度计划及分项工程的施工方案已得到批准;所需的机械设备、人员已进场到位,施工现场的各种标示牌齐全。

9.1.3　中心拌和站已按《福建省高速公路施工标准化管理指南(工地建设)》要求建成,并具备提供符合涵洞、通道的混凝土要求的能力。

9.2　圆管涵

9.2.1　施工工序(图9-1)

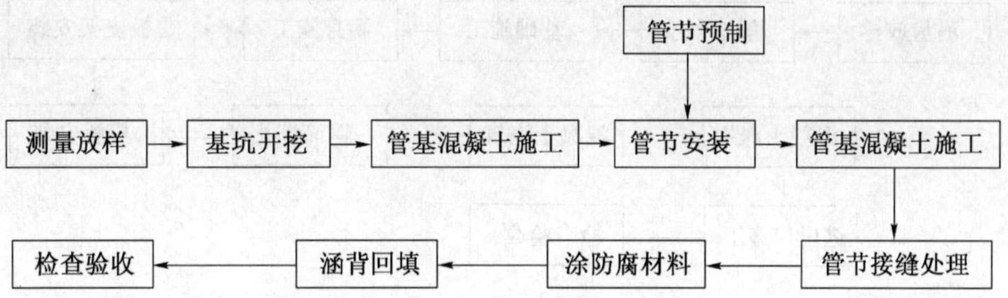

图9-1　圆管涵施工工序

9.2.2　施工要点

(1)圆管涵基坑的开挖应采用机械开挖。基坑开挖前应测量出基坑的开挖线,开挖时测量人员应配合观测,基坑开挖至基底高程10~20cm,采用人工开挖整修。

(2)圆管涵管节端面应平整,并与其轴线垂直;斜交管涵进出口管节的外端面,应按斜交角度进行处理。

(3)管节外壁应注明适用的管顶填土高度,相同规格管节应堆放在一起,以便于取用,防止弄错。

(4)管节在运输、装卸过程中,应采取防碰措施,避免管节损坏。

(5)基槽开挖后,必须检测基底承载力,符合设计要求方可进行下道工序的施工;如不符合要求,则必须上报相关部门进行地基处理,至达到要求为止。

(6)各管节应顺流水坡度安装平顺,当管壁厚度不一致时,应调整高度使内壁齐平。管节必须垫稳坐实,管道内不得遗留泥土等杂物。

(7)插口管接口应平整,环形间隙应均匀;平接管的接缝宽度一般为 1 ~2cm,禁止用加大接缝宽度来满足涵洞长度要求。接口表面应平整,并用有弹性的不透水材料嵌塞密实,不得有间断裂缝、空鼓和漏水等现象。

(8)用于灌溉、水电设施的管涵,进水口管涵底高程应低于渠道高程 $1/5R \sim 1/4R$(R 为圆管涵半径)。

9.2.3 质量控制

(1)洞身应顺直,进出口、洞身、沟槽等衔接应平顺,无阻水现象。

(2)帽石、一字墙或八字墙等应平直,与路线边坡、线形要匹配,棱角分明。

(3)外露混凝土表面应平整,颜色一致。

(4)实测项目质量应满足规范《公路路基施工技术规范》(JTG F10—2006)规定的要求。

9.3 盖板涵

9.3.1 施工工序(图 9-2)

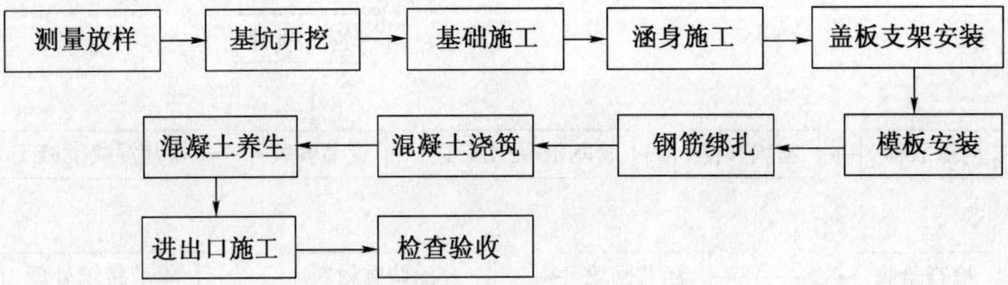

图 9-2 施工工序

9.3.2 施工要点

(1)盖板涵的基坑开挖应采用机械开挖,人工配合成型。挖掘机开挖距基底高程为 10 ~20cm,人工修整基底应确保不扰动基底地质土层。

(2)在开挖基坑时,一般在基坑两侧留出临时排水沟,以降低基坑水位,以免让地表水或地下水浸湿基底土质。

(3)基坑开挖完后,应检测地基承载力,基底承载力在符合设计要求的情况下,方可进行下一道工序的施工。

(4)盖板涵的墙身施工应采用钢模,钢模数量必须满足施工需要,以确保墙身的混凝土外观满足设计要求。

(5)盖板涵的盖板,分为预制安装和现浇两种施工方法。采用预制安装的,必须严格控制预制板的长度与现场的沉降缝位置严格对应。现浇法的模板支架必须有足够的强度和刚度,沉降缝可采用泡沫板隔开,浇筑时可“跳节”施工(图9-3),基础、墙身、盖板沉降缝应在同一位置、上下顺直、贯通。

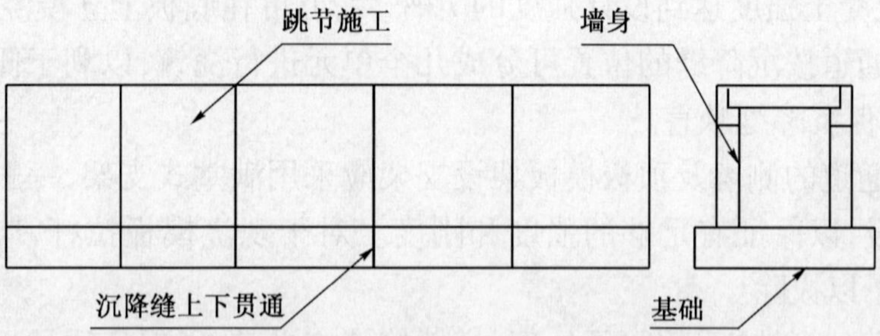

图9-3 盖板涵跳节施工示意图

(6)盖板混凝土浇筑完成后必须及时养生,同时制作两组试块与其同条件养生,强度达到设计规范要求时方可拆除支架。

(7)盖板涵沉降缝的处理均应采用沥青麻絮填塞,必须塞满填实。

9.3.3 质量控制

(1)应满足9.2.3各项施工质量要求。

(2)保证混凝土表面平整,棱线顺直,无严重啃边、掉角。

(3)蜂窝、麻面面积不得超过该面面积的0.5%,混凝土表面出现非受力裂缝不得超过0.1mm。

(4)板的填缝应平整密实。

(5)施工过程中,严禁采用溜槽输送混凝土。对于山区低洼施工地段,在有必要的情况下,应采用汽车泵进行混凝土的输送,不得使用长溜槽。

9.4 箱涵、通道

9.4.1 施工工序(图9-4)

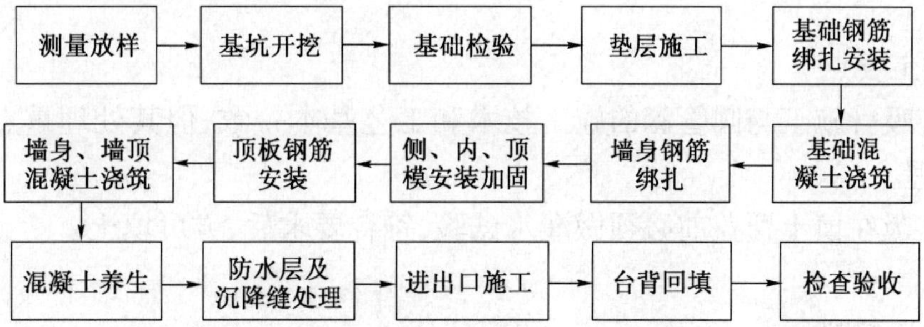

图9-4 箱涵、通道施工工序

9.4.2 施工要点

(1)基底开挖要求见9.2.2第(1)和第(5)条。

(2)在浇筑底板混凝土之前,应清除基底上的杂物,然后按要求立模板,绑扎钢筋,浇筑混凝土。钢筋绑扎过程中,必须注意防锈,钢筋腐蚀需满足相关规范的要求,不合格材料必须替换,重新绑扎。

(3)底板混凝土强度达到设计强度的70%后,方可在底板上立模浇筑侧板及顶板。

(4)箱涵、通道按沉降缝的位置可分成几个单元进行浇筑,以利于侧墙沉降缝处模板的加固,从而确保沉降缝顺直。

(5)箱涵、通道的侧墙及顶板模板架设支架应采用满堂式支架,一般采用门形支架或碗扣式支架搭设,以保证有足够的强度和刚度。对于现浇模板拉杆,应采用PVC套管,拆模后拉杆应予以拔除。

(6)内模板的接缝应采用腻子处理,模板接缝应平整,以保证质量。

(7)沉降缝必须按图纸规定填塞嵌缝或采用经监理工程师批准的材料封缝。

(8)沉降缝处应加铺抗拉强度较高的卷材,如沥青玻璃纤维布或油毡。依据设计文件确定加铺的层数与宽度。

(9)箱涵、通道混凝土顶板和侧板外表面,在填土前应涂刷沥青胶结材料或其他防水材料,以形成防水层。

9.4.3 施工质量控制见9.2.3。

9.5 倒虹吸

9.5.1 施工工序(图9-5)

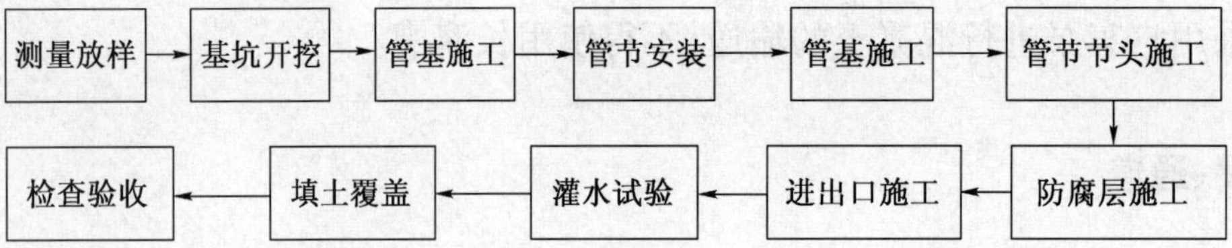

图9-5 施工工序

9.5.2 施工要点

(1)倒虹吸管施工与圆管涵的施工技术和工艺基本一致,但其处理重点在于管节之间的接缝处理。

(2)倒虹吸在填土覆盖前必须做灌水试验,符合要求后,方可填土。

9.5.3 质量控制

倒虹吸施工质量应满足《公路工程质量检验评定标准》(JTG F80/1—2004)规定的要求。

10 路基整修与路槽交接

10.1 路堤整修

10.1.1 一般要求

(1)按设计要求完成了路基所有工程,并按照质量标准要求全面检测路基现状,对检测发现的局部缺陷进行整修、处理。

(2)承包人应编制整修计划和方案,报监理工程师审批,在批复后方可实施路基整修工作。

10.1.2 施工工序(图 10-1)

10.1.3 施工要点

(1)填土路堤应用机械刮土或补土的方法整修成型,配合压路机机械碾压。当铲下的土不足以填补凹陷时,应采用与路基表面相同的土质填平夯实;石质路基表面应用石屑嵌缝紧密、平整,不得有坑槽和松石,不得薄层贴补。

(2)测量放样,撒白灰标示出路堤两侧的超填宽度,路堤顶面纵横向坡面高程应采用埋砖法控制。整修坡面需将超宽路基采用机械粗刷(附图 1.33),人工刷坡到位。当坡面填土不足或边坡受雨水冲刷形成冲沟和坍塌缺口时,应自下而上将边坡挖成台阶,分层填补、夯实,再按设计坡面刷坡。

(3)修整的路基表层厚度应在 150mm 以内,松散的或半埋的尺寸应大于 100mm 的石块,应从路基表面层移走,并按规定填平压实。

(4)各种水沟的纵坡、断面尺寸应量测检查,并应满足设计要求;依据设计要求,对各种边沟的纵坡进行检查,采用人工进行整修使沟底平整,排水通畅;边沟整修应挂线进行,如遇边沟缺损,不得用土贴补。

(5)排水沟及边沟断面、路堤边坡坡度等各表面应拍打密实、整齐、光滑。

(6)涵洞洞内清理及涵洞进出水口施工应完善,确保排水顺畅(附图 1.34)。

(7)在路堑边沟和路堤拱形护坡处,每隔 70m 应设 20cm × 20cm 的临时排水孔(附图 1.35),排水孔底面低路床高程为 10cm,在凹形竖曲线低处应增设临时排水孔。

(8)在路面施工前,应检查临时排水、永久排水设施是否设置且有效。

(9)路基修整完毕后,对堆弃路基范围内的废土料应予清除。

10.1.4 质量控制

(1)平面几何尺寸及线位高差的质量应满足《公路路基施工技术规范》(JTG F10—2006)规定的要求。

(2)路堤的顶面路拱、宽度、线形应符合图纸要求,表面应平整、密实、无局部坑洼,曲线应圆滑,边线应顺直。

(3)路堤边坡坡度应符合图纸要求,坡面应平顺稳定,不得亏坡。取土坑、护坡道应整齐稳定。

(4)边沟、排水沟沟底无阻水、积水现象,符合铺砌要求;临时排水设施与现有排水沟渠应连通。

10.2 路堑整修

10.2.1 施工工序(图10-2)

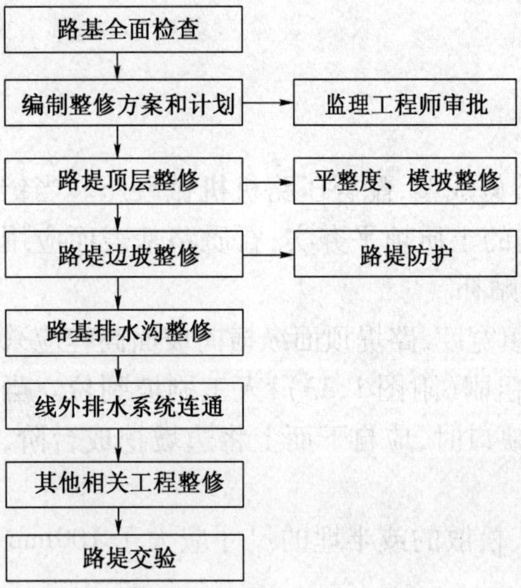

图10-1 路堤整修施工工序

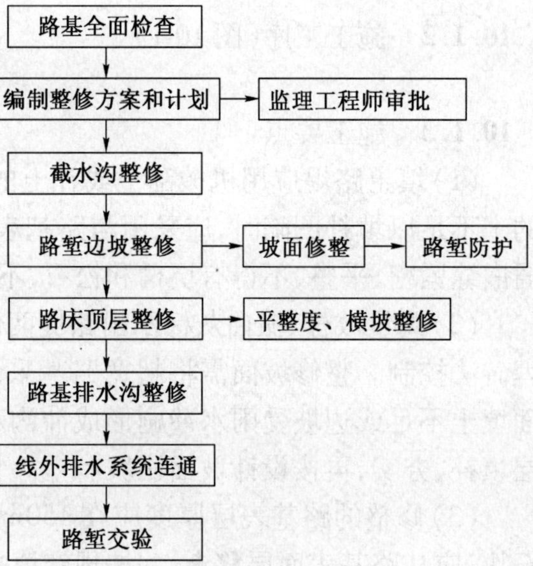

图10-2 路堑整修施工工序

10.2.2 施工要点

(1)土质路基路床应用人工或机械刮土或补土的方法整修成形。深路堑边坡整修应按设计要求的坡度,自上而下进行刷坡,不得在边坡上以土贴补。坚石和次坚石,可使用炮眼法、裸露药包法爆破清刷边坡,同时清除边坡上的危石、松石。

(2)在整修加固坡面时,应预留加固位置。当边坡受雨水冲刷形成小冲沟时,应将原边坡挖成台阶,分层填补、夯实。如填补的厚度很小(10~20cm),而又是非边坡加固地段时,可用种草整修的方法,以种植土填补。

(3)各种排水沟的坡度、断面尺寸应满足设计要求。

(4)路堑边沟施工完成后,应对碎落台进行填土整平,按设计要求进行绿化(附图1.36)。

(5)土质路基表面到设计高程后应采用平地机或推土机刮平,铲下的土不足以填补凹陷时,应采用与路基表面相同的土填平夯实。石质路基表面应采用石屑嵌缝紧密、平整,不得有坑槽和松石。

(6)路堑边坡如出现过量超挖,应用浆砌片石填补超挖坑槽。

(7)路基修整完毕后,对堆弃路基范围内的废土料应予清除。

10.2.3　质量控制

(1)路堑整修的平面几何尺寸及线位高差的质量要求同路堤整修。

(2)路基的路床顶面路拱、高程、宽度、线形应符合图纸要求,表面应平整、密实、无局部坑洼,曲线应圆滑,边线应顺直。

(3)路堑边坡坡度不得低于图纸要求,坡面应平顺稳定,不得亏坡。石质边坡还要求无险石、悬石和浮石。

(4)边沟、截水沟、排水沟沟底无阻水、积水现象,排水良好,符合铺砌要求;临时排水设施与现有排水沟渠应连通。

10.3　路槽移交

10.3.1　路面施工单位进场后,建设单位、监理单位应督促路基施工单位及时进行路基核验,并向路面施工单位移交核验合格的路槽,所移交的连续路槽的长度宜不小于4km。

10.3.2　所移交的路基段落内的路槽、边坡防护、桥涵、隧道、绿化以及附属工程均应全部完成。

10.3.3　路槽移交须在路基施工单位自检合格,监理单位复核无误及质检部门抽检合格后进行,应由监理单位、路基和路面施工单位、业主四方代表参加签字确认。移交过程中发现的问题应按规范和设计要求处理到位。

10.3.4　应按《公路工程质量验收评定标准》(JTG F80/1—2004)所规定的检查项目、方法、频率和设计要求对路基土建工程进行核验,对主线渐变段、主线弯桥、互通区匝道等特殊路段的外形尺寸和高程、台背回填质量、路基路面排水系统的衔接、伸缩缝预埋钢筋及搭板、过渡段等进行重点检查。

11 路基监测与观测

11.1 一般规定

11.1.1 路基施工期的动态控制标准可参照《公路路基设计规范》(JTG D30—2004)执行。

11.1.2 软土地基、路堑边坡、滑坡、高填方路堤开工建设,应同时开展动态监测工作。监测成果数据应定期上报施工、监理、设计和业主单位备案,以配合动态设计、动态施工方案指导施工。

11.1.3 预应力锚固工程张拉锁定应根据设计和规范要求进行一定比例锚孔预应力值的监测,并应定期上报业主等相关单位备案。

11.2 软基工程观测

11.2.1 监测目的

(1)监控整个施工过程中路基的稳定性,控制填土速率。

(2)推测工后沉降,确定开始铺筑路面的时间。

(3)了解在新增荷载的作用下,路基下卧土层附加应力的变化情况。

(4)了解复合地基的力学与变形性状。

11.2.2 监测内容和方法

沉降与稳定监测、观测的适用方法和范围见表11-1。

表11-1 监测范围表

观测项目	仪表名称	观测目的
地表沉降	地表型沉降计(沉降盘)	用于沉降管理;根据测定数据调整填土速率;预测沉降趋势,确定等载预压卸载时间;提供施工期间沉降土方量的计算依据
地表水平位移及隆起量	地表水平位移桩(位移边桩)	用于稳定管理;检测地表水平位移及隆起情况,以确保路堤施工的安全预稳定
地下土体分层水平位移量	地下水平位移计(测斜管)	用于稳定管理与研究;用作掌握分层位移量,推定土体剪切破坏的位置,在软土指标较差、填土较高、填方路基在施工过程中易失稳时采用

11.2.3 观测点的设置如图11-1所示。观测点的位置、数量、频率及埋设按设计或合同文件的要求。

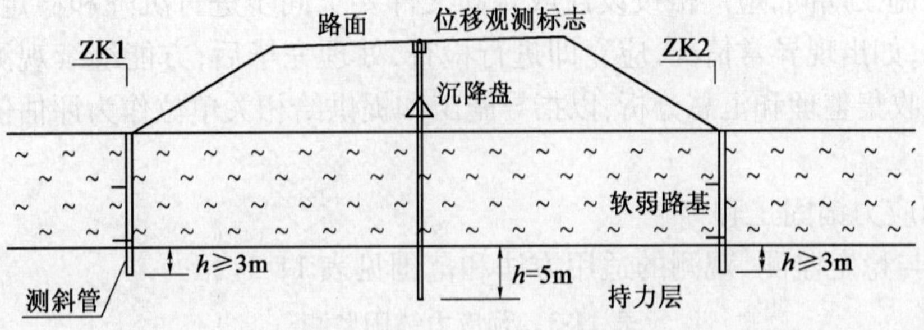

图11-1 软基处理沉降盘、测斜管、位移观测标志的埋设

11.2.4 在施工期间,应严格按设计或合同文件要求,同步进行沉降和稳定的跟踪观测。对观测资料应及时进行收集整理和汇总分析,以指导施工和提供相关单位作为评估依据。

11.3 路堑边坡或滑坡监测

11.3.1 监测目的

(1)监控整个施工过程中路堑边坡或滑坡的变形情况。

(2)通过监测坡体变形、锚孔预应力值变化情况揭示坡体稳定状态,指导工程施工,控制施工进度。

(3)运营期监测,揭示坡体变形、预应力值的变化情况,控制工程安全运营。

(4)通过监测数据,统计分析其变形规律,以指导类似工程建设。

11.3.2 监测内容和方法

沉降与稳定监测、观测的适用方法和范围见表11-2。

表11-2 边坡监测方法

观测项目	监测方法	监测目的
地表沉降量	全站仪、光电测距仪	观测地表位移、变形发展情况
	水准仪	
	标桩、直尺或裂缝计	观测裂缝发展情况
地下位移监测	测斜仪	探测相对于稳定地层的地下岩体的位移,证实和确定正在发生位移的构造特征,确定潜力在滑动面深度,判断主滑动面,定量分析评价边(滑)坡的稳定状况,评判边(滑)坡加固工程效果
地下水位监测	人工测量	观测地下水位变化与降雨关系,评判边坡排水措施的有效性
支挡结构变形、应力	测斜仪、分层沉降仪、压力盒、钢筋应力计	支挡构造物岩土体的变形观测,支挡构造物与岩土体间接触压力观测

11.3.3 观测点的位置、数量、频率及埋设应符合设计或合同文件要求。

11.3.4 在施工期间,应严格按设计或合同文件要求同步进行沉降和稳定的跟踪观测。在观测过程中,如出现异常情况,应立即进行检查,处理完毕后,方能继续观测。对观测资料应及时进行收集整理和汇总分析,以指导施工和提供给相关单位作为评估依据。

11.3.5 预应力锚固工程

(1)沉降与稳定监测、观测的适用方法和范围见表11-3。

表11-3 预应力锚固监测

预应力锚杆工作阶段	监测内容		监测项目
施工阶段	锚杆体	锚杆工作状态及锚杆的施工质量	锚杆张拉力;锚杆伸长值;预应力损失
	锚固对象	加固效果	被锚固体的位移及变化
工程运营阶段	锚杆体	锚杆的工作状态	预应力值变化
	锚固对象	锚固工程安全状况	被锚固体的位移及变化

(2)观测点的位置、数量、频率及埋设应符合设计或合同文件的要求。

(3)一般情况下,锚杆张拉锁定后第一个月内每日观测一次;第2~3个月内每周观测一次;第4~6个月内每月观测3次;第7个月~1年内每月观测两次;1年以后,每月观测一次。在观测过程中,如出现异常情况,应立即进行检查,处理完毕后,方能继续观测。观测成果应及时整理,第一年内的观测成果将作为工程验收的资料。

11.3.6 坡体位移监测

在路堑高边坡防护加固工程施工过程中,一般都要求对其坡体进行变形控制与监测,以便进行动态设计和确保施工安全,也可以检验工程效果。高边坡的坡体位移监测方法一般可分为简易观测法和专业仪器监测法,对于一般的高边坡均要求实施简易观测,简易观测由施工单位现场技术人员负责完成;对于重点的复杂的路堑高边坡或滑坡病害,除要求采用简易观测外,还必须对其坡体变形进行专业仪器监测,专业仪器监测采用钻孔测斜仪监测,要求委托专业单位承担。坡体深部位移监测期限一般在一年以上,其监测周期为每月一次,在雨季或坡体变形较大等特殊情况下应加密监测,遇有坡体变形不稳定时应延长监测期限,直至坡体稳定、变形终止或在安全的限值范围内。

以上路基施工过程的监测与观测工作,除一些相应简单的可用简单仪器进行观测外,施工单位应委托有相应资质的单位进行监测与观测。

11.4 高路堤稳定和沉降观测

11.4.1 监测目的

(1)通过监测揭示路堤变形情况,指导工程施工。

(2)揭示路堤稳定状态,根据情况确定路堤防护工程措施。

(3)控制工后沉降,指导后续工作的开展。

11.4.2　监测内容和方法

沉降与稳定监测、观测的适用方法和范围见表 11-4。

表 11-4　高路堤监测方法

观测项目	仪具名称	观测目的
地表水平位移量及隆起量	地表水平位移桩(边桩)	用于稳定监控,确保路堤施工安全和稳定
地下土体分层水平位移量	地下水平位移计(测斜管)	用于稳定监控和研究,掌握分层位移量,推定土体剪切破坏位置,必要时采用
路堤顶沉降量	地表型沉降计(沉降板或桩)	用于工后沉降监控,预测工后沉降趋势,确定路面施工时间

11.4.3　观测点的设置如图 11-2 和图 11-3 所示,数量及埋设按设计或合同文件的要求。

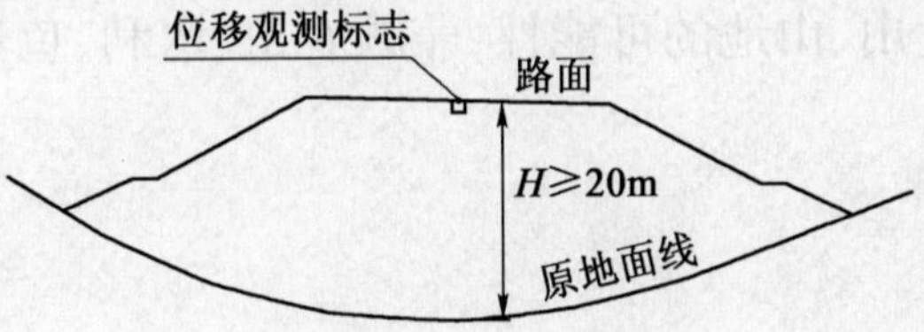

图 11-2　高填方路基位移观测埋设

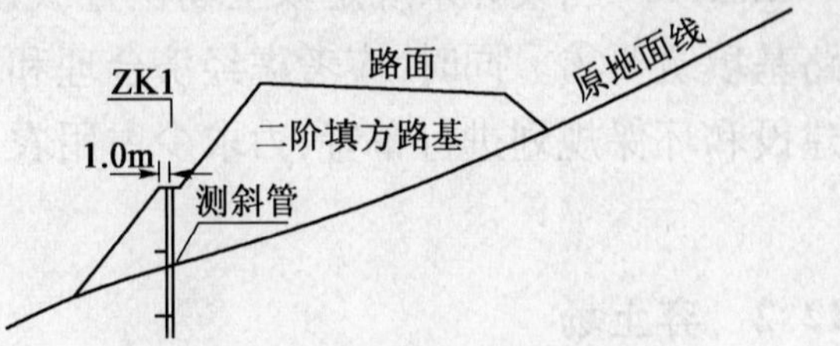

图 11-3　高填方路基测斜管埋设位置

11.4.4　在施工期间,应严格按设计或合同文件要求,同步进行沉降和稳定的跟踪观测。在观测过程中,如出现异常情况,应立即进行检查,处理完毕后,方可继续观测。观测成果应及时整理,并将其作为工程验收的资料归档。

12　取、弃土场的整治

12.1　取土场

12.1.1　取土时应注意环境保护,取土后的裸露面应按设计采取土地整治或防护措施。在风景区或有特殊要求的施工地段,应按设计要求及时完成配套的环保工程。

12.1.2　取土场原地面属于耕地种植土,应先挖出堆置在一边备用,工程完工后,恢复植被。

12.1.3　当设计未规定取土场位置或贮土量不足另寻土源,集中取土时,土质应符合路基填筑要求。同时,应考虑经济合理和利用荒山、山地的可能性,兼顾农田、水利、鱼池建设和环保规划进行布置,力求少占用农田。

12.2　弃土场

12.2.1　弃土场应符合设计要求,并应及时完成防护工程。

12.2.2　路基弃土应堆放规则,按设计要求进行整平碾压,不得任意倾倒,并按设计进行排水、防护和绿化施工(附图1.37)。

12.2.3　弃土场的位置与高度应保证路堑边坡、山体和自身的稳定,不得影响附近建筑物、农田、水利、河道、交通和环境等。必要时,应加设挡护和排水措施(附图1.38)。

12.2.4　弃土堆不得设置在堑顶上方。

12.2.5　弃石场表面应覆盖不少于80cm厚的土,以便恢复植被。

12.2.6　弃土场的选择应符合下列要求:

(1)严禁在岩溶漏斗、暗河口、泥石流沟上游及贴近桥墩、台处弃土、弃渣。

(2)沿河岸或傍山路堑的弃土,不得弃入河道、挤压桥孔或涵管口,以及改变水流方向和加剧对河岸的冲刷,必要时应设置挡护设施。

(3)严禁向江、河、湖泊、水库、沟渠内弃土、弃渣。

12.3　安全文明施工

12.3.1　取土场的设置应根据各地段取土性质、数量,并结合路基排水、地形、土质、施工方法、节约用地、环保等,统一规划。取土后的裸露面应按设计采取土地整治或防护措施。取土场的位置、深度、边坡应结合当地土地利用、环保规划进行布置,不得随意取土及在水下取土。取土场、复耕土存放处应设置明示标志。

12.3.2　弃土堆(场)的位置与高度应保证山体和自身稳定,不得影响附近建筑物、农田、水利、河道、交通和环境等。不能满足时,应加设挡护或采取其他措施。弃土堆放处应设置明示标志。

路 面 篇

13 路面工程施工准备

13.1 一般规定

13.1.1 路面工程承包人进场后应立即进行现场考察，收集气象、水文及地质等资料，结合工程的主要分项及特点，调查沿线料源的分布和交通条件，落实水稳（级配碎石）拌和厂以及沥青混凝土拌和厂的具体位置、占地面积、平面布置以及变压器的安装位置等工作，并汇编调查报告，报请监理工程师批准后，布置和建设驻地。

13.1.2 路面施工项目经理部和拌和厂建设应符合招标文件和《福建省高速公路施工标准化管理指南（工地建设）》分册的要求。

13.1.3 路面施工的水稳（底）基层、级配碎石（底）基层、沥青结构层、透层、黏层、封层与混凝土附属工程等作业均应安排专业化队伍进行施工，施工前应根据施工进度计划、施工技术水平等制订详细的劳动力计划，并及时组织进场，以满足施工的需要。

13.2 技术准备

13.2.1 在开工前，应对设计文件进行审核，对设计中存在的问题应及时提请设计单位解决，并做好设计技术交底。

13.2.2 完成实验室临时资质申报。

13.2.3 承包人接桩后，应按合同文件的要求完成导线、水准点的复测和加密测量工作，并保护好各桩点，直到工程竣工。

13.2.4 编制实施性施工组织设计。承包人应在签订合同协议书后28天内完成编制实施性施工组织设计，其内容应包括：编制依据、工程概况、场地布置及临时工程的准备情况、主要施工人员、设备、机构设置、工程项目的进度计划、材料及机械设备的进场供应计划、资金使用计划、单位、分部及分项工程划分、工区划分、主要施工方案、施工方法及质量控制、安全、环保、文明施工的各项保证体系和措施。

13.2.5 单位、分部、分项工程的划分。承包人应在工程开工前，根据《公路工程质量验收评定标准》(JTG F80/1—2004)编制本项目《单位、分部、分项工程的划分表》,并书面报送监理工程师审批,以此作为工程内业资料编制的依据之一。

13.2.6 总体开工报告。承包人应在开工前将《总体开工报告》报送监理工程师审批,其内容应包括:施工机构、质检体系、安全体系的建立和劳动力安排,材料、机械及检测仪器设备进场情况,水电供应,临时设施的修建,施工方案准备情况等。

13.2.7 分部或分项工程开工报告。承包人应在分部或分项工程开工前14天,应向监理工程师提交开工报告,其内容应包括:施工地段与工程名称、现场负责人名单、施工组织和劳动力安排、材料供应及机械进场等情况、材料试验及质量检查手段、水电供应、临时工程的修建、施工方案进度计划以及其他需要说明的事项。

13.3 机具准备

路面机械设备应按照投标承诺配备进场,本着性能优良、配套合理、工效高的原则,根据施工进度计划分阶段、分期组织进场,以满足施工的需要。

13.4 材料准备

路面施工前,应提前做好沥青、抗剥落剂、矿粉、水泥、砂石料、钢筋(材)等各项材料的招标定购工作,并根据施工进度计划,制订材料供应计划。所有材料采购均应严格按照材料验收和送检制度,杜绝不合格材料进入现场。

13.5 路基核验

13.5.1 路面承包人进场后,建设单位、监理单位应督促路基承包人及时进行路基核验,并向路面承包人移交核验合格的路基,所移交连续路基的长度应不小于4km。

13.5.2 所移交的路基段落内路槽、边坡防护、桥涵(包括铺装层、伸缩缝预留槽、搭板、过渡板)、隧道(包括洞门墙、进出口路面、洞口搭板、过渡板、洞口转向车道)应全部完成。

13.5.3 路基移交须在路基承包人自检合格、监理单位复核无误及质监部门抽检合格后进行,应由监理单位、路基和路面施工单位、业主四方参加,并签字确认。移交过程中发现的问题应按规范和设计要求处理到位。

13.5.4 应按照《公路工程质量检验评定标准》(JTG F80/1—2004)所规定的检查项目、方法、频率和设计要求对路基土建工程进行核验。对于主线渐变段、主线弯桥、互通区匝道等特殊路段的外形尺寸和高程,台背回填质量,路基路面排水系统的衔接,伸缩缝预埋钢筋及搭板、过渡板等应进行重点检查。

14 碎石的开采与生产

14.1 料场作业

14.1.1 料场爆破作业应取得当地公安机关的批准，特殊工种人员应持证上岗。炸药库的位置与设计、炸药运输方法、炸药的管理使用以及防止事故所采取的预防措施等，都应符合《爆破安全规程》（GB 6722—2003）及国家关于爆破施工的相关规定。

14.1.2 料场应剥去覆盖层，清除杂草和其他杂质后方可开采。弃土应在指定的地点处理。

14.1.3 材料开采完毕后，应进行清理，防止水土流失，并应符合环境保护部门的有关要求。

14.1.4 碎石破碎场地要统一、合理规划，不同规格碎石要分开堆放在硬化、无污染的场地上，场内应排水良好，道路畅通。

14.2 片石的开采

14.2.1 应减少片石开采点，以防品种杂乱、质量参差不齐。

14.2.2 宕口开采的片石、路基弃方片石、隧道洞渣均应经过高压水冲洗干净并干燥后，方可用于破碎，以确保进入喂料口的片石无附带表层土石块、无风化石块、无泥块及杂草等。

14.2.3 片石装车应采用挖掘机。

14.2.4 不同岩性、不同料源的片石不得混杂破碎。

14.3 碎石的生产

14.3.1 碎石必须由具有生产许可证的采石场生产或施工单位自行加工。

14.3.2 必须采用配有反击式破碎机或圆锥式破碎机的联合筛分设备生产路面碎石。

14.3.3 破碎筛分设备的工艺流程设计、设备配套必须满足碎石生产的质量要求(图14-1)。

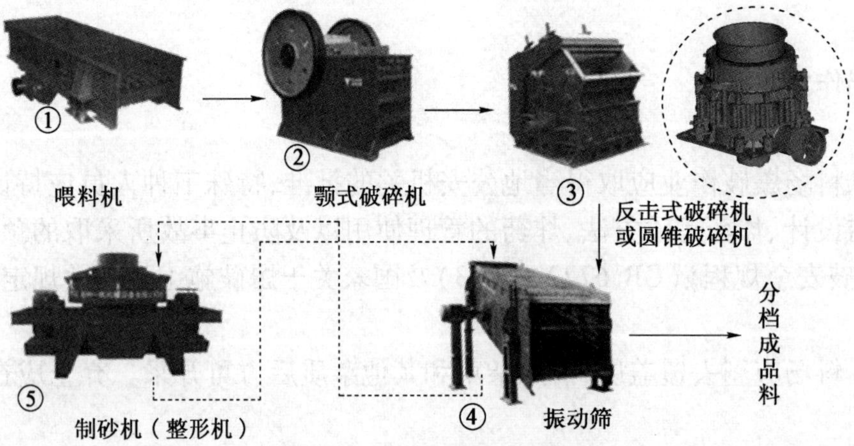

图14-1 一般碎石生产流程示意图

14.3.4 在进行基层级配碎石和沥青混合料碎石的生产时,石料破碎场必须配备干式除尘装置(附图2.1),以减少碎石生产的粉尘,保护环境,同时减少集料中的0.075mm颗粒的含量。根据实际生产情况,可对沥青混合料用粗集料进行水洗,水洗设备、工序应报监理工程师和业主批准,水洗可采用循环水洗,并确保水洗彻底(附图2.2)。

14.3.5 各种碎石均应按照设计的不同粒径规格进行筛分,当碎石生产到一定数量并且规格稳定后,要及时开展配合比试验工作,及时调整生产工艺,确保各档料能配成符合规范级配要求的混合料,且其数量能与掺配比例相适应。

14.3.6 雨天不得进行碎石生产。

14.3.7 碎石破碎场应设专人负责,在碎石生产过程中应加强试验检测,以保证生产的碎石性能稳定,各项技术指标应符合规范要求。

14.3.8 每个路面结构层在开工前,所采备的碎石数量不得低于该结构层设计数量的30%,以满足大规模连续施工的需要。

15　水泥稳定碎石底基层、基层

15.1　一般规定

15.1.1　水泥稳定碎石底基层、基层应在春末和气温较高的季节组织施工，施工期的最低气温应在5℃以上。

15.1.2　若路基移交后未及时施工，路面单位应对路槽进行修整和检测，达到规范要求后方可开始施工水稳层。

15.1.3　在雨季施工时，应特别注意气候变化，勿使水泥和混合料遭雨淋。降雨时，应停止施工，但对已经摊铺的水泥稳定碎石混合料应尽快碾压密实，并及时覆盖。

15.1.4　水稳层应采用集中厂拌法拌制混合料，并采用摊铺机摊铺，从加水拌和到碾压终了的时间不应超过初凝时间。

15.1.5　应严格掌握底基层、基层的厚度和高程，其路拱横坡应与面层一致。

15.1.6　应在混合料处于或略大于最佳含水率时进行碾压，直至达到按重型击实试验法确定的要求压实度，底基层要求≥97%，基层要求≥98%。

15.1.7　水泥稳定碎石底基层、基层的压实厚度不得超过20cm。压实厚度超过上述规定时，应分层铺筑，每层的最小压实厚度不应小于15cm，下层则应稍厚。严禁用薄层贴补法进行找平。分层铺筑时，每层都要做压实度检验，并应达到规定要求。压实度检测时挖的坑洞应及时进行有效回填。

15.1.8　水泥稳定碎石分层施工时，在铺筑上层水泥稳定碎石之前，应始终保持下层表面湿润干净。为增加上下层之间的黏结性，在铺筑上层水泥稳定碎石时，宜在下层表面撒少量水泥或水泥浆。

15.1.9　同一路段水稳层的左右幅施工应错开，当分层施工时，半幅两层连续施工完成并养生到位后，再开始另外半幅的施工。

15.1.10 每一段碾压完成并经压实度检查合格后,应立即开始养生。分层施工时,下层应采用土工布覆盖养生,养生期间应始终保持表面湿润;上层则应根据透层油类型,确定养生工艺,当采用高渗透乳化沥青时,应在碾压成型后表面稍变干燥但尚未硬化的情况下喷洒;当采用煤油稀释沥青时,应在水稳层用土工布覆盖养生3~4天后及时喷洒,待下封层施工完且水稳层达到7天强度后方可开放交通。

15.1.11 在水稳层已开始施工,但尚未摊铺沥青结构层之前,连续段落之间未完工的特殊桥梁、长大隧道、特殊地质路段治理等工点宜自辟运输便道,不得再利用已移交路基段落作为施工通道。

15.2 材料要求

15.2.1 集料

(1)用于水稳层的碎石压碎值应不大于30%,破碎时应确保经过一道反击破或圆锥破。

(2)用于底基层时,单个颗粒的最大粒径不应超过37.5mm,用于基层时,单个颗粒的最大粒径不应超过31.5mm。碎石应预先筛分成至少4个粒级,建议底基层分19~37.5mm、9.5~19mm、4.75~9.5mm、0~4.75mm,基层分19~31.5mm、9.5~19mm、4.75~9.5mm、0~4.75mm。承包人可根据自己的施工经验,在保证级配稳定的前提下,自行划分碎石生产规格,但碎石生产规格应事先得到监理工程师的批准。各种粒径的超尺寸数量不得超过10%,欠尺寸数量不得超过15%。合成的颗粒组成应符合表15-1的要求。

表15-1 水泥稳定碎石级配组成

层位	通过下列方孔筛(mm)的质量百分比(%)									液限(%)	塑性指数
	37.5	31.5	26.5	19	9.5	4.75	2.36	0.6	0.075		
底基层	100	90~100		67~90	45~68	29~50	18~38	8~22	0~7	<28	<6
基层		100	90~100	72~89	47~67	29~49	17~35	8~22	0~7	<28	<6

注:集料中0.6mm以下细集料有塑性指数时,小于0.075mm的颗粒含量不应超过5%;0.6mm以下细集料无塑性指数时,小于0.075mm的颗粒含量不应超过7%。

(3)当细集料数量不足时,允许掺配一定比例的砂。掺配的砂应洁净、坚硬、干燥,无风化、无杂质,且符合级配要求。

15.2.2 水泥

水泥稳定碎石层施工宜采用32.5级普通硅酸盐水泥、矿渣硅酸盐水泥和火山灰质硅酸盐水泥，其初凝时间应在3h以上、终凝时间应在4.5h以上。不得使用快硬水泥、早强水泥以及受潮变质的水泥。

15.2.3 水

水应洁净，不得含有害物质。来自可疑水源的水应按照《公路工程水质分析操作规程》(JTJ 056—84)要求进行试验。

15.3 混合料组成设计

15.3.1 水泥稳定碎石的混合料组成设计应严格按照《公路路面基层施工技术规范》(JTJ 034—2000)的规定进行。

15.3.2 各种材料必须在使用前56天选定。承包人应将具有代表性的样品在监理工程师确认的实验室进行材料的标准试验及混合料组成设计。

15.3.3 水泥稳定碎石的各项试验应按《公路工程无机结合料稳定材料试验规程》(JTG E51—2009)的要求进行。

15.3.4 水泥稳定碎石的组成设计应根据设计图纸所规定的强度标准，通过试验选取最适宜于稳定的集料，确定必需的水泥剂量和混合料的最佳含水率。

15.3.5 确定各种规格集料的掺配比例，使组成级配符合15.2.1条的规定，其中9.5mm、4.75mm、2.36mm的筛孔通过率应尽量接近规定范围的中值。

15.3.6 水泥的最小剂量在满足无侧限抗压强度的同时，还应满足：底基层≥2.5%，基层≥4%。

15.3.7 水泥稳定碎石混合料组成设计结果应提交监理工程师审批。

15.4 试验路段

15.4.1 在水泥稳定碎石底基层、基层正式开工之前，承包人应在监理工程师批准的地点铺筑长度为100～200m的试验路段。

15.4.2 在试验路段开始至少14天之前，承包人应提出铺筑试验路段的施工方案，并报送监理工程师审批。施工方案的内容包括：试验人员、机械设备、施工工序和施工工艺等详细说明。

15.4.3 在铺筑试验路段的过程中,应做好观察和记录,研究并解决发现的各种问题。

15.4.4 通过铺筑试验路段,确定以下主要项目:

(1)用于施工的集料级配。

(2)确定分层施工时每一层的合适厚度。

(3)确定松铺厚度和松铺系数(摊铺机行走速度、振幅、频率)。

(4)确定标准施工方法:

①集料数量的控制;

②合适的拌和机械、拌和方法和拌和时间;

③混合料含水率的调整和控制方法;

④控制水泥剂量和拌和均匀性的方法;

⑤混合料摊铺方法和适用机具(包括摊铺机的行进速度、摊铺厚度的控制方式、梯队作业时摊铺机的间隔距离等);

⑥压实机械的选择和组合,压实的顺序、速度和遍数;

⑦拌和、运输、摊铺和碾压机械的协调和配合;

⑧密实度的检查方法,初定每作业段的最小检查数量。

(5)确定每一作业段的合适长度。

15.4.5 试验路段应在监理工程师的监督下进行。如果试验路段经监理工程师批准验收,则可作为永久工程的一部分,并按合同规定进行计量支付。否则,应移出并重做试验路段,费用由承包人自负。

15.4.6 承包人应根据试验路段所取得的资料与数据,编写试验路总结报告,报监理工程师审查批准,并作为正式开工的依据。试验路段确认的压实方法、压实机械类型、工序、压实系数、碾压遍数和压实厚度、最佳含水率等均作为今后施工现场控制的依据。

15.5 施工要点

15.5.1 准备工作面

承包人应在水泥稳定碎石层施工前一天准备好工作面,并报请监理工程师检查验收。对于路基,表面应平整、坚实,具有规定的路拱,没有任何松散的材料和软弱地点;对于水泥稳定碎石层,表面应平整、坚实、干净,具有规定的路拱,没有坑洞、搓板、辙槽以及任何松散材料。

15.5.2 施工放样

承包人应在施工前做好放样工作。恢复中线时,每 10m 设一桩,并在两侧路肩边缘外设指示桩,指示桩上应用明显标记标出水泥稳定碎石层边缘的设计高度,用白灰画出水泥稳定碎石层的边缘线。

15.5.3 拌和与运输

(1)在正式拌制混合料前,必须先调试所用的设备,使混合料的颗粒组成和含水率都达到规定的要求。对水泥输用量,应定期进行标定。

(2)拌和前应测定各种规格料的含水率,根据含水率、天气情况和运距调整加水量。夏季施工时,可先对碎石进行洒水湿润。

(3)为确保碾压密实,拌和时宜将混合料的用水量提高 0.5% ~1.0%,以补偿摊铺及碾压过程中的水分损失。

(4)料仓的加料应有足够数量的装载机,以确保拌和楼各仓集料充足,并且相互之间数量协调。在每天结束使用前应将拌和楼清理干净,对其进行检查和适当维护,尤其要注意避免水泥结块而堵塞水泥下料口。

(5)混合料运输应采用大吨位的自卸车,车况应良好,数量应满足运输要求,装料时,车辆应前后移动。拌成的混合料应尽快运送到铺筑现场。当摊铺现场距拌和厂较远时,混合料在运输过程中应加以覆盖,以减少水分损失。在摊铺机前,应配备一名熟练的工人指挥自卸车的卸料,以避免自卸车撞击摊铺机。

15.5.4 摊铺

(1)待等候的混合料运输车多于 5 辆后,便开始摊铺混合料,并应保持摊铺连续。

(2)当有大功率的摊铺机时,可采用单机全断面摊铺,并通过试验段比较来确定采用单机还是双机方案。不论采用何种摊铺方案,都应配备一台可自动伸缩以调整宽度的摊铺机。

(3)采用单机摊铺时,应采用两侧走钢丝的方法控制高程(附图 2.3)。采用双机联合摊铺作业时,两台摊铺机型号应相同,前后相距 5 ~10m,前台摊铺机采用路侧钢丝和设置在路中的导梁控制路面高程(附图 2.4),后台摊铺机路侧采用钢丝、路中采用滑靴控制高程和厚度(附图 2.5)。前后两台摊铺机摊铺宽度应重叠 50 ~100mm,中缝辅以人工修整。内侧一台摊铺机应采用宽度自动伸缩式摊铺机,以适应内侧宽度变化的需要。

(4)在摊铺过程中,应根据拌和能力和运输能力确定摊铺速度,避免摊铺机停机待料的情况。

(5)在摊铺机后面跟随修整小队,对于局部粗细料离析现象,可采用细料进行修补,严重部位挖除后应采用符合要求的混合料填补,挖除深度不得小于 15cm。

(6)摊铺加宽部分时,应符合以下要求:

①合理划分摊铺带,确实无法采用机械摊铺的部分应采用人工摊铺,人工摊铺时应采用挂线法控制高程,松铺厚度应适当高于机械摊铺部分。

②应组织熟练工人进行人工摊铺,中途不得停顿,要加快摊铺和碾压,以确保碾压质量。

(7)摊铺桥头时应符合以下要求:

①应在施工前一天对桥头工作面进行彻底清理和修整,处理好欠压实、不平整等问题,并扫除松散材料和所有杂物。

②正交桥头作为摊铺起点时,不允许人工摊铺,应使用相应厚度的垫块,并应严格按照设计衔接路面结构层和过渡板。

③在斜交桥头等摊铺机无法工作的部位可采用人工摊铺,并控制好操作时间、松铺系数和平整度。

15.5.5 碾压

(1)在摊铺、修整后应立即用压路机跟在摊铺机后在全宽范围内进行碾压。碾压应遵循先轻后重、先慢后快、从低到高的原则(附图2.6)。

(2)碾压程序应按试验路段确认的方法施工。碾压时,应重叠1/2轮宽,后轮必须超过两段的接缝处。各部分碾压到的次数应尽量相同,两侧应多压2~3遍。压路机压不到的地方应用小型平板式振动器施振密实。

(3)严禁压路机在已完成的或正在碾压的路段上调头或紧急制动,以保证水泥稳定碎石层表面不受破坏。

(4)压实后表面应平整,无轮迹或隆起,不得产生“大波浪”现象。

(5)可用方木或钢模板作侧模进行碾压,或碾压后对边缘进行人工拍打,使边缘整齐、密实。

15.5.6 接缝处理

(1)施工中应避免纵向接缝。在不能避免纵向接缝的情况下,必须保证纵缝垂直相接,在下一幅施工前,应将接缝处松散的混合料铲除。

(2)每天施工结束后要做施工横缝。首先用3m直尺检测端部水泥稳定碎石层的平整度,确定切割的范围并画线,然后沿画出的线将平整度不合格的混合料铲除。在全幅范围内的横缝严禁采用企口缝,上下两层横缝要错开。

(3)摊铺机摊铺混合料时,如因故中断时间超过2h,也应设置横向接缝。

15.5.7 土工布覆盖养生及交通管制

(1)采用土工布覆盖养生时,应先人工将土工布覆盖在碾压完成的水稳层顶面,然后用水车洒水养生(附图2.7)。在养生期内,应始终保持水稳层处于湿润状态。养生结束后,将覆盖物清除干净。

(2)用洒水车进行洒水养生时,洒水车的喷头要用喷雾式,不得用高压式喷管,以免破坏基层结构,每日洒水次数应视气候而定。

(3)水稳层养生期不应少于7天。

(4)在养生期间,应采取隔离措施封闭交通,除洒水车外,严格禁止其他车辆通行。

(5)养生完成的水稳层上未铺封层或面层时,除路面施工车辆可慢速(不超过

30km/h)通行外,禁止其他车辆通行,确保水稳层不受到污染和破坏。

15.6 质量管理及检查验收

15.6.1 必须建立健全工地试验、质量检查及工序间的交接验收等项目制度。试验、检验应做到原始记录齐全,数据真实可靠。

15.6.2 原材料试验应按照《公路路面基层施工技术规范》(JTJ 034—2000)表9.2.2规定及招标文件技术规范有关规定进行。

15.6.3 施工过程中,质量控制的项目、频度和质量标准应符合《公路路面基层施工技术规范》(JTJ 034—2000)表9.4.3的要求及招标文件技术规范的有关规定。

15.6.4 施工过程中,外形尺寸检查项目、频度和质量标准应符合《公路路面基层施工技术规范》(JTJ 034—2000)表9.4.2的要求和《福建省高速公路质量管理纲要》的规定。

15.6.5 竣工工程外形的检查项目、频度和质量标准应符合《公路工程质量检验评定标准》(JTG F80/1—2004)表7.7.2的要求。外观方面应做到表面平整密实、无坑洼、无明显离析,施工接茬应平整、稳定。

16　级配碎石垫层、底基层、基层

16.1　一般规定

16.1.1　级配碎石结构层施工期的日最低气温应在5°C以上,严禁雨天施工。

16.1.2　应严格控制垫层、底基层、基层的厚度和高程,其路拱和超高应符合设计要求。

16.1.3　级配碎石混合料应采用集中厂拌法拌制,并使用摊铺机摊铺。

16.1.4　级配碎石结构层应在最佳含水率下进行碾压,直至达到下列按重型击实试验法确定的要求压实度:垫层≥96%,底基层、基层≥98%。

16.1.5　级配碎石结构层的压实厚度不应超过20cm。压实厚度超过上述规定时,应分层铺筑,每层最小压实厚度为10cm。严禁用薄层贴补法进行找平。分层铺筑时,每层都要做压实度检验,并应达到规定要求。

16.1.6　应合理组织施工,确保级配碎石结构层施工后能封闭交通,避免表层在车辆的行驶作用下松散。

16.2　材料要求

16.2.1　集料

(1)级配碎石所用石料的压碎值要求:垫层不大于30%,底基层、基层不大于26%。集料必须清洁,不得含有机物、块状或团状的土块、杂物及其他有害物质。

(2)用于垫层时,单个颗粒的最大粒径不应超过37.5mm,用于底基层、基层时,单个颗粒的最大粒径不应超过31.5mm。级配碎石底基层、基层集料应预先筛分成19~31.5mm、9.5~19mm、4.75~9.5mm及0~4.75mm四种规格,垫层集料应预先筛分成19~37.5mm、9.5~19mm、4.75~9.5mm及0~4.75mm四种规格。各种规格集料中超尺寸数量不得超过10%,欠尺寸数量不得超过15%。

(3)集料质量应符合表16-1的规定。

表 16-1　级配碎石用集料质量技术要求

试验项目	粗集料	细集料
液限,不大于	—	25%
塑性指数,不大于	—	6
砂当量,不小于	—	45%
压碎值,不大于	26%	—
洛杉矶磨耗值,不大于	35%	—
针片状含量,不大于	20%	—
水洗法 <0.075mm 颗粒含量,不大于	1%①	13%①
软石含量,不大于	5%	—

注:①用于垫层时,水洗法 <0.075mm 颗粒含量粗集料可放宽至 2%,细集料可放宽至 15%。

(4)合成的颗粒组成应符合表 16-2 的要求,形成嵌挤型的粗级配。碎石中针片状颗粒总含量应不得超过 20%。

表 16-2　级配碎石级配组成

层　位	通过下列筛孔(mm)的质量百分比(%)													
	37.5	31.5	26.5	19	16	13.2	9.5	4.75	2.36	1.18	0.6	0.3	0.15	0.075
底基层基层	—	100	90~100	78~92	65~86	57~80	45~70	30~55	20~43	13~32	9~24	6~18	3~12	0~7
垫层	100	85~100	65~85	—	42~67	—	20~40	10~27	—	8~20	5~18	—	—	0~10

注:1. 集料的筛分应按照《公路工程集料试验规程》(JTG E42—2005)的规定采用水洗法进行。
2. 福建处于多雨潮湿地区,集料混合料中 0.6mm 以下细粒土有塑性指数时,小于 0.075mm 的颗粒含量不应超过 5%。

(5)当细集料(石屑)数量不足时,级配碎石垫层可掺配一定比例的天然砂,底基层、基层不允许掺天然砂,应掺机制砂。

16.2.2　水

水应洁净,不含有害物质。来自可疑水源的水应按照《公路工程水质分析操作规程》(JTJ 056-84)要求进行试验。

16.3　混合料组成设计

16.3.1　垫层混合料组成设计采用重型击实方法进行,底基层、基层按照本节规定。

16.3.2　各种材料必须在使用前 56 天选定。承包人应将具有代表性的样品在监理工程师确认的实验室进行材料的标准试验及混合料组成设计。

16.3.3　承包人应在级配碎石混合料组成设计开始前,首先选取有代表性的样品进行下列原材料试验:

①颗粒组成分析;

②液限和塑性指数;

③相对密度;

④砂当量;

⑤压碎值;

⑥洛杉矶磨耗值;

⑦含水率;

⑧击实试验;

⑨针片状颗粒含量;

⑩软石含量。

16.3.4 混合料技术要求

级配碎石混合料采用重型击实方法进行设计,确定最佳含水率,最佳含水率下的混合料技术要求见表16-3。

表16-3 级配碎石混合料重型击实技术要求

试验项目	技术要求
CBR不小于(%)	100
固体体积率不小于(%)	85

注:1. CBR为最佳含水率下三层击实98次、4天饱水的CBR。

2. 计算体积指标时应采用集料的毛体积密度,固体体积率为最大干密度除以混合料合成毛体积密度。

3. 级配碎石垫层混合料可以不要求固体体积率指标。

4. 固体体积率计算方法。计算合成毛体积密度时,应采用2.36~4.75mm网篮法测定的毛体积密度替代0~4.75mm细集料的密度的方法计算合成毛体积密度。按式(16-1)计算固体体积率。

$$V_G = \frac{\rho_{干}}{\rho_{sb}} \tag{16-1}$$

式中:V_G——固体体积率;

$\rho_{干}$——重型击实试件的干密度;

ρ_{sb}——合成毛体积密度,由式(16-2)确定。

$$\rho_{sb} = \frac{100}{\frac{P_1}{\rho_1} + \frac{P_2}{\rho_2} + \cdots + \frac{P_n}{\rho_n}} \tag{16-2}$$

式中:P_1、$P_2 \cdots P_n$——各档矿料配合比,其和为100;

ρ_1、$\rho_2 \cdots \rho_n$——各档集料的毛体积密度,其中粗集料是采用网篮法测定的毛体积密度;0~4.75mm档料应采用2.36~4.75mm网篮法测定的毛体积密度代替。

16.3.5 级配碎石混合料组成设计步骤

(1)按实际使用的集料,分别进行筛分,按颗粒组成进行计算,在表16-2规定的范围内调配曲线,形成嵌挤型的粗级配。

(2)对每种级配选取5个含水率进行重型击实试验,确定级配碎石的最佳含水率及最大干密度。

(3)对在最佳含水率下成型的试件,进行级配碎石4天饱水的CBR试验。

(4)选取CBR值大的,而且固体体积率满足设计要求的为设计级配,并将该设计级配作为标准级配。

16.4　铺筑试验路段

16.4.1　级配碎石结构层在正式开工之前,承包人应在监理工程师批准的地点铺筑长度为100～200m的试验路段。

16.4.2　承包人应在试验段开始前14天提出试铺方案,并报监理工程师审批。施工方案包括试验人员、机械设备、施工工序和施工工艺等详细说明。试铺路段的拌和、摊铺、碾压各道工序应按《公路路面基层施工技术规范》(JTJ 034—2000)的要求进行。

16.4.3　在铺筑试验路段的过程中,应做好观察和记录,研究并解决发现的各种问题。

16.4.4　通过铺筑试验路段,确定以下主要项目:

(1)用于施工的配合比。调试拌和机,测量其计量的准确性。调整拌和方法、拌和时间,保证混合料的均匀性。检查混合料含水率、集料级配、4天饱水CBR值。

(2)确定分层施工时每一层的合适厚度。

(3)确定松铺厚度和松铺系数(摊铺机行走速度、振幅、频率)。

(4)确定标准施工方法:

①混合料配比的控制;

②合适的拌和机械、拌和方法和拌和时间;

③混合料含水率的调整和控制方法;

④混合料摊铺方法和适用机具(包括摊铺机的行进速度、摊铺厚度的控制方式、梯队作业时摊铺机的间隔距离等);

⑤压实机械的选择和组合,压实的顺序、速度和遍数;

⑥拌和、运输、摊铺和碾压机械的协调和配合;

⑦密实度的检查方法,初定每作业段的最小检查数量。

(5)确定每一作业段的合适长度。

16.4.5　试验路段应在监理工程师的监督下进行,如果试验路经监理工程师批准验收,则可作为永久工程的一部分,并按合同规定进行计量支付。否则应移出并重做试验路段,费用由承包人自负。

16.4.6 承包人应根据试验路段所取得的资料与数据,编写试验路总结报告报监理工程师审查批准,并作为正式开工的依据。试验路段确定的压实方法、压实机械类型、工序、压实系数、碾压遍数和压实厚度、最佳含水率等均作为今后施工现场控制的依据。

16.5 施工要点

16.5.1 准备工作面

承包人应在级配碎石结构层施工前一天准备好工作面,并报请监理工程师检查验收。对于路基,其表面应平整、坚实,并应具有规定的路拱,没有任何松散的材料和软弱地点;对于稀浆封层下封层,其表面应平整、坚实、干净,并应具有规定的路拱,没有龟裂、坑洞、搓板、辙槽以及任何松散材料;对于沥青表处下封层,表面应平整密实,不应有松散、油包、油丁、波浪、泛油、封面料明显散失或过多的现象;对于级配碎石结构层,表面应平整密实,边线应整齐,无松散。

16.5.2 施工放样

承包人应在施工之前做好放样工作。恢复中线时,每10m设一桩,并在两侧路肩边缘外设指示桩,在指示桩上用明显标记标出级配碎石结构层边缘的设计高度。要用白灰画出级配碎石层的边缘线。

16.5.3 拌和与运输

(1)在正式拌制混合料前,必须先调试所用设备,使混合料颗粒组成和含水率都达到规定的要求。

(2)每天拌和前应测定各种规格集料的含水率,根据含水率、天气情况和运距的长度调整掺水量。

(3)料仓的加料应有足够数量的装载机,以确保拌和楼各仓集料充足,并且相互之间数量协调。

(4)混合料运输应采用大吨位的自卸车,车况应良好,数量应满足运输要求。装料时,车辆应前后移动,拌成的混合料应尽快运送到铺筑现场。运输车辆应在开口处或在桥面上掉头,避免下封层破坏。当摊铺现场距拌和场较远时,在运输过程中对混合料应加以覆盖,以减少水分损失(附图2.8)。在摊铺机前,应配备一名熟练的工人指挥自卸车卸料,以避免自卸车撞击摊铺机。

16.5.4 摊铺

(1)待等候的混合料运输车多于5辆后开始摊铺混合料,并保持连续摊铺。

(2)当有大功率摊铺机时,可采用单机全断面摊铺,并通过试验段比较来确定采用单机还是双机方案(附图2.9)。不论采用何种摊铺方案,都应配备一台可自动伸缩以调整宽度的摊铺机。

(3)采用单机摊铺时,应采用两侧走钢丝的方法控制高程。现场摊铺采用两台摊铺机阶梯式联合摊铺作业,两台摊铺机前后相距5~8m,前台摊铺机采用路侧钢丝和设置在路中的导梁控制路面高程,后台摊铺机路侧采用钢丝、路中采用滑靴控制高程和厚度。前后两台摊铺机摊铺宽度重叠50~100mm,中缝辅以人工修整。内侧一台摊铺机应采用宽度自动伸缩式摊铺机,以适应内侧宽度变化的需要。

(4)摊铺过程中应随时注意材料的离析情况,在双机联结处容易离析,应设专人和三轮车备料,随时消除粗细集料离析现象。对于粗集料"窝"和粗集料"带",应添加细集料,并拌和均匀;对于细集料"窝",应添加粗集料,并拌和均匀。将严重离析部位挖除后应用符合要求的混合料填补。

(5)摊铺机的混合料高度应几乎没过螺旋叶片,且全长一致;螺旋布料器在全部工作时间内低速、匀速转动,避免高速、停顿和启动。

(6)摊铺加宽部分时,应符合以下要求:

①合理划分摊铺带,确实无法采用机械摊铺的部分应采用人工摊铺,人工摊铺时应采用挂线法控制高程,松铺厚度应适当高于机械摊铺部分。

②应组织熟练工人进行人工摊铺,中途不得停顿,加快摊铺和碾压,以确保碾压质量。

(7)摊铺桥头时,应符合以下要求:

①应在施工前一天对桥头工作面进行彻底清理和修整,处理松散、欠压实、不平整等问题,并扫除松散材料和所有杂物。

②正交桥头作为摊铺起点时不允许人工摊铺,应使用相应厚度的垫块,并严格按照设计衔接路面结构层和过渡板。

③斜交桥头等摊铺机无法工作的部位应采用人工摊铺,控制好操作时间、松铺系数和平整度。

(8)摊铺过程中应根据拌和能力和运输能力确定摊铺速度。

16.5.5 碾压

(1)在摊铺、修整后,应立即用压路机跟在摊铺机后在全宽范围内进行碾压。碾压应遵循先轻后重、先慢后快、从低到高的原则(附图2.10)。

(2)碾压程序应按试验路确认的方法进行,碾压时,应重叠1/2轮宽,后轮必须超过两段的接缝处。各部分碾压到的次数应尽量相同。压路机碾压不到的地方可用小型平板式振动器施振密实(附图2.11)。

(3)无侧限路段摊铺宽度应略大于设计宽度,碾压前人工拍实外侧边缘,压路机靠边碾压,同时应配合强夯机加强边缘的碾压,确保碾压密实、边线整齐。

(4)严禁压路机在已经碾压成型的或正在碾压的级配碎石路段上调头或紧急制动。

(5)压实后的表面应平整密实,无轮迹或隆起,不得产生"大波浪"现象,施工过程中应及时用3m直尺进行平整度检测,不合格的要立即处理。

16.5.6 接缝处理

(1)应避免纵向接缝。在不能避免纵向接缝的情况下,纵缝必须垂直相接,不应斜接。

(2)横向接缝处理。靠近摊铺机当天未压实的混合料,可与第二天摊铺的混合料一起碾压,但应注意此部分混合料的含水率,必要时,应采用人工洒水,使其含水率达到规定的要求。

16.5.7 级配碎石层在施工完毕后禁止开放交通。施工完成后不宜立即洒布透层,应在级配碎石层表面水分蒸发后略显潮湿的状态下进行洒布,并应及时喷洒黏层油与石屑,同时应尽快安排上覆层的施工。

16.6 质量管理及检查验收

16.6.1 必须建立健全工地试验、质量检查及工序间的交接验收等项目制度。试验、检验应做到原始记录齐全,数据真实可靠。

16.6.2 原材料试验应按照《公路路面基层施工技术规范》(JTJ 034—2000)表9.2.2规定及招标文件技术规范有关规定进行。

16.6.3 施工过程中质量控制的项目、频度和质量标准应符合《公路路面基层施工技术规范》(JTJ 034—2000)表9.4.3的要求及招标文件技术规范的有关规定(对弯沉值检验不做要求)。底基层与基层要求相同,垫层的压实度、固体体积率要求见相关条文。级配碎石层级配允许波动范围见表16-4。

表16-4 级配碎石矿料级配允许波动范围

级配类型	通过下列筛孔(mm)的质量百分率(%)												
	31.5	26.5	19	16	13.2	9.5	4.75	2.36	1.18	0.6	0.3	0.15	0.075
允许波动范围	±7%							±6%					±2%

注:1. 建议在拌和站皮带运输机上取样,具体取样方法按照《公路工程集料试验规程》(JTG E42—2005)的规定进行,最小取样质量为40kg;在施工现场取样时,应采取措施确保样品的代表性。

2. 标准级配指的是通过实验室室内标准试验确定的设计级配。

16.6.4 施工过程中,外形尺寸检查项目、频度和质量标准应符合《公路路面基层施工技术规范》(JTJ 034—2000)表9.4.2的要求和《福建省高速公路质量管理纲要》的规定。垫层与底基层要求相同。

16.6.5 竣工工程外形的检查项目、频度和质量标准应符合《公路工程质量检验评定标准》(JTG F80/1—2004)表7.12.2的要求(对弯沉值检验不作要求)。在外观方面,应做到表面平整密实、边线整齐,无松散。

17 透层、黏层与下封层

17.1 透层、黏层

17.1.1 一般规定

(1)先将下承层表面进行全面清扫,吹净浮尘,必要时用水冲洗。

(2)气温低于10℃或遇大风或即将降雨时,不得喷洒透层与黏层沥青。

(3)黏层、封层中所用的预拌碎石油石比为0.3%~0.5%。

17.1.2 材料及设备要求

1)材料

(1)透层和黏层使用之前应按照《公路工程沥青及沥青混合料试验规程》(JTJ 052—2000)的方法进行试验,且应满足规范的要求。

(2)透层材料主要为高渗透乳化沥青和煤油稀释沥青,其质量应符合《公路沥青路面施工技术规范》(JTG F40—2004)第4章的要求。采用其他材料时,应报监理工程师批准。透层油的黏度宜通过调节稀释剂的用量或乳化沥青的浓度并经试验确定,水稳层透层油渗透深度应不小于5mm,级配碎石层透层油渗透深度应不小于10mm。

(3)透层油的洒布量应通过试洒确定,不宜超出《公路沥青路面施工技术规范》(JTG F40—2004)表9.1.4要求的范围。

(4)黏层沥青材料采用快裂或中裂乳化沥青、改性乳化沥青,也可采用快、中凝液体石油沥青,所使用的基质沥青的种类、强度等级应采用与面层相同的道路石油沥青。

(5)黏层油品种和用量,应根据下卧层的类型通过试洒确定,并符合《公路沥青路面施工技术规范》(JTG F40—2004)表9.2.3的要求。

2)设备

(1)应配备清刷机、鼓风机等清理设备,确保施工前下承层洁净。

(2)透层与黏层沥青洒布应采用配有电脑控制洒布量和导热油保温装置的沥青洒布车喷洒。洒布车应能准确控制沥青洒布量,保证沥青洒布均匀,并能根据路面宽度调节洒布的宽度。沥青洒布必须呈雾状。

17.1.3 施工工序

(1)机具的准备。检查沥青喷洒车的使用状况,标定喷洒量。

(2)下承层的清理。先用强力清刷机将基层表面进行全面清扫,并将浮尘吹净,必要时用水冲洗(附图2.12和附图2.13)。

(3)喷洒:

①根据透层油类型确定喷洒工艺,当采用高渗透乳化沥青时,应在碾压成型后表面稍变干燥但尚未硬化的情况下喷洒;当采用煤油稀释沥青时,应在水稳层用土工布覆盖养生3~4d后及时喷洒。

②透层油洒布后的养生时间可根据透层油品种和气候条件确定,确保稀释沥青中稀释剂全部挥发,乳化沥青渗透且水分蒸发,然后尽早施作黏层或下封层。

③透层油用量应按设计的沥青用量采用专用沥青洒布车一次浇洒均匀(附图2.14),当有遗漏时,应用人工补洒。

④乳化沥青黏层油应提前准备,待乳化沥青破乳、水分蒸发完成后,紧跟着铺筑沥青层,确保黏层不受污染。

⑤喷洒的黏层油必须呈均匀雾状,在路面全宽度内均匀分布成一薄层,不得有洒花漏空或成条状,也不得有堆积。喷洒不足的要补洒,喷洒过量处应予刮除。

⑥黏层油喷洒完后为防止粘轮,宜撒布少量4.75~9.5mm的预拌碎石(附图2.15)。

⑦凡结构物与沥青层接触部位,必须均匀涂刷黏层油,同时还应注意保护桥头、涵顶及路面两侧的结构物不受污染。

(4)交通管制。喷洒透层、黏层沥青后,应严格封闭交通,防止层间污染。

17.1.4 施工质量

(1)煤油稀释沥青应充分稀释,要均匀,无小块、未稀释沥青存在。

(2)表面透层沥青不应流淌,并不得形成沥青油膜(附图2.16)。

(3)当局部地方有多余的透层沥青未渗入基层时,应予清除。

(4)黏层沥青应洒布均匀、适量。

17.2 下封层

17.2.1 一般规定

(1)气温低于10℃或遇大风或即将降雨时不得施工。

(2)下封层宜采用层铺法单层表面处治或稀浆封层法施工。稀浆封层可采用乳化沥青或改性乳化沥青作结合料。

(3)下封层的厚度应满足设计要求,当厚度不足时,可由上一层补齐。

(4)下封层应紧跟上道工序及时施作。

17.2.2 材料及设备要求

1)材料

(1)层铺法下封层应采用与面层所使用的种类、强度等级相同的重交石油沥青,沥青的规格和质量应符合《公路沥青路面施工技术规范》(JTG F40—2004)的要求。道路石油沥青洒布量应控制在0.7~1.0kg/m^2,碎石规格宜为4.75~9.5mm,洒布量应控制在7~9kg/m^2,以满铺但不重叠为原则。当封层上层结构为沥青层时,应使用预拌碎石,否则采用洁净干燥的碎石即可。

(2)稀浆封层宜采用细封层和中封层级配,乳化沥青的技术指标应符合规范要求。添加剂可分为促凝剂和缓凝剂,其作用主要是加快或减缓乳化沥青在稀浆混合料中的破乳速度,从而调节成浆状态,满足拌和摊铺和开放交通的需要。

2)设备

(1)层铺法下封层沥青洒布应采用配有电脑控制洒布量和导热油保温装置的沥青洒布车喷洒。洒布车应能准确控制沥青洒布量,保证沥青洒布均匀,并能根据路面宽度调节洒布的宽度。可采用配有电脑控制的集料撒布机撒布碎石,碎石碾压采用6~8t的轻型压路机。

(2)稀浆封层必须使用专用的摊铺机进行摊铺。

17.2.3 施工工艺及施工质量

1)层铺法施工

(1)清扫下承层。

(2)沥青洒布车和集料撒布机联合作业。沥青洒布速度应与集料撒布速度相协调,并应洒布(撒铺)均匀,局部可用人工扫匀。

(3)道路石油沥青洒布温度应控制在135~165℃。洒布应均匀、不流淌,保证洒布的连续性。

(4)撒布一段集料后,使用6~8t轻型压路机趁热将碎石压入沥青层,从两侧向中间进行,碾压速度不得超过2km/h。扫除多余松散颗粒(附图2.17)。

(5)如存在泛油现象,则必须进行返工处理。

(6)沥青油膜应均匀,不成堆,不出现空白、缺边现象,横向无明显流淌。

(7)集料撒布应均匀,无大量重叠、成堆和明显压碎的迹象。

(8)施工后,除路面施工车辆可慢速(行车速度不得超过20km/h)通行外,其余车辆禁止通行。

2)稀浆封层施工

(1)摊铺稀浆封层时,各矿料的配合比应严格按设计要求进行。

(2)稀浆封层摊铺作业时应控制好车速,摊铺厚度要均匀,左右接缝与前后接缝要平整,禁止出现漏铺和过厚现象(附图2.18、附图2.19)。

(3)稀浆封层破乳后可采用胶轮压路机碾压1~2遍,碾压要掌握好时机,过早易出现轮迹和剥落。

(4)施工期间必须封闭交通,待干燥成型后,方可开放交通,通行车辆严禁在封层上调头、制动、起步,以保证封层的完整性。

3)质量要求

(1)稀浆封层铺筑后的表面不得有超粒径拖拉的严重划痕,横向接缝和纵向接缝处不得出现余料堆积或缺料现象,用3m直尺测量接缝处的平整度不得大于6mm。

(2)透层及黏层按《公路路基路面现场测试规程》(JTG E60—2008)中有关要求和方法检测洒布量,每次检测不少于3处。

(3)稀浆封层的矿料级配应符合《公路沥青路面施工技术规范》(JTG F40—2004)的要求。

18 热拌沥青混合料结构层

18.1 一般规定

18.1.1 沥青结构层推行“零污染”施工。

18.1.2 沥青路面不得在气温低于10℃的情况下施工。

18.1.3 沥青路面应加强施工过程质量控制，实行动态质量管理。

18.1.4 所有与工程建设有关的原始记录、试验检测及计算数据、汇总表格，必须如实记录和保存。对已经采取措施进行返工和补救的项目，可在原始记录和数据上注明，但不得销毁。

18.1.5 施工前应对沥青拌和楼、摊铺机、压路机等各种施工机械和设备进行调试，对机械设备的配套情况、技术性能、传感器计量精度等要进行认真检查、标定，并应得到监理的认可。

18.1.6 正式开工前，各种原材料的试验结果，及据此进行的目标配合比设计和生产配合比设计结果，应在规定的期限内向监理工程师提出正式报告，待取得正式认可后，方可使用。

18.1.7 在沥青结构层施工前，应确保连续10km段落内全部路基工程（包括桥隧、防护、绿化）和交通安全设施基础等全部完工，同时全线隔离栅、中央分隔带绿化回填土、隧道进出口转向车道也应全部完成，确保沥青结构层连续施工。另外，还应针对现场实际情况，采取一切有效措施，杜绝交叉施工和运输等污染（附图2.20、附图2.21）。

18.2 材料要求

18.2.1 沥青结合料

1）道路石油沥青

（1）道路石油沥青应满足表18-1中道路石油沥青70号的各项技术指标要求及福建省公路项目沥青采购招标文件的技术要求，并应测定其相对密度。

表 18-1　70 号道路石油沥青技术要求

试验项目			技术要求
针入度(25℃,5s,100g)		(0.1mm)	60~70
针入度指数 PI		不小于	-1.5~+1.0
延度(5cm/min,15℃)		不小于(cm)	100
延度(5cm/min,10℃)		不小于(cm)	15
软化点(环球法)		不小于(℃)	47
60℃动力黏度		不小于(Pa·s)	180
闪点(COC)		不小于(℃)	260
含蜡量(蒸馏法)		不大于(%)	2.0
密度(15℃)		(g/cm³)	实测记录
溶解度(三氯乙烯)		不小于(%)	99.5
TFOT 或 RTFOT	质量变化	不大于(%)	±0.8
	针入度比	不小于(%)	61
	延度(10℃)	不小于(cm)	6

(2)沥青必须按品种、强度等级分开存放。除长期不使用的沥青可放在自然温度下存储外,沥青在储罐中的储存温度不宜低于 130℃,且不得高于 170℃。桶装沥青应直立堆放,加盖苫布。

(3)道路石油沥青在储运、使用及存放过程中应有良好的防水措施,避免雨水或加热管道蒸汽进入沥青中。

2)改性沥青

(1)改性沥青应满足表 18-2 中改性沥青 I-D 级的各项技术指标要求及福建省公路项目改性沥青采购招标文件的技术要求。

表 18-2　I-D 级 SBS 改性沥青技术要求

试验项目			技术指标
针入度(25℃,100g,5s)		(0.1mm)	40~60
针入度指数 PI		不小于	0
延度(5cm/min,5℃)		不小于(cm)	20
软化点(环球法)		不小于(℃)	70
运动黏度(135℃)		不大于(Pa·s)	3
闪点(COC)		不小于(℃)	230
溶解度(三氯乙烯)		不小于(%)	99
储存稳定性离析,48h 软化点差		不大于(℃)	2.5
弹性恢复(25℃)		不小于(%)	75
TFOT 或 RTFOT	质量变化	不大于(%)	±1.0
	针入度比(25℃)	不小于(%)	65
	延度(5℃)	不小于(cm)	15

(2)制造改性沥青的基质沥青应与改性剂有良好的配伍性。供应商在提供改性沥青的质量报告时,应同时提供基质沥青的质量检验报告或沥青样品。

(3)改性沥青宜在固定式工厂或在现场设厂集中制作,改性沥青的加工温度不宜超过180℃。

(4)现场制造的改性沥青宜随配随用,需作短时间保存,或运送到附近的工地时,使用前必须搅拌均匀,在不发生离析的状态下使用。改性沥青制作设备必须设有随机采集样品的取样口,采集的试样宜立即在现场灌模。

(5)工厂制作的成品改性沥青到达施工现场后应存储在改性沥青罐中,改性沥青罐中必须加设搅拌设备并进行搅拌,使用前必须将改性沥青搅拌均匀。在施工过程中,应定期取样检验产品质量,发现离析等质量不符合要求的改性沥青不得使用。

18.2.2 矿料

1)粗集料

高速公路粗集料应采用具有足够强度和耐磨性的碎石,其表面应清洁、无风化、无杂质。其质量要求见表18-3。

表18-3 高速公路沥青面层粗集料质量要求

指标		技术要求	
		表面层	其他层次
石料压碎值	不大于(%)	20	
洛杉矶磨耗损失	不大于(%)	28	
表观相对密度		2.60~3.00	
吸水率	不大于(%)	2.0	
对沥青的黏附性	不小于	5级	4级
针片状颗粒含量(混合料)	不大于(%)	15	
其中粒径大于9.5mm的含量,	不大于(%)	12	
其中粒径小于9.5mm的含量,	不大于(%)	18	
水洗法<0.075mm的颗粒含量	不大于(%)	1	
软石含量	不大于(%)	3	
石料磨光值	不小于(%)	42	—

注:对于3~5规格的粗集料,针片状颗粒可不予要求,<0.075mm的颗粒含量可放宽到3%。

2)细集料

(1)细集料包括天然砂、人工机制砂和石屑,其质量要求见表18-4。

表 18-4　高速公路沥青面层用细集料质量要求

指　　标		技术要求
表观相对密度	不小于	2.50
坚固性(>0.3mm 部分)	不大于(%)	12
含泥量(<0.075mm 的含量)	不大于(%)	3
砂当量	不小于(%)	60
亚甲蓝值	不大于(g/kg)	3
棱角性(流动时间)	不小于(s)	30

注:细集料的洁净程度,天然砂以小于 0.075mm 含量的百分数表示,石屑和机制砂以砂当量(适用于 0~4.75mm)或亚甲蓝值(适用于 0~2.36mm 或 0~0.15mm)表示。

(2)AC 和 SMA 混合料不应使用天然砂,ATB 混合料视配合比情况可掺配天然砂,其数量不应超过集料总量的 10%。

3)填料

矿粉必须采用石灰岩或岩浆岩中的强基性岩石等憎水性石料经磨细得到,要求干燥,不含泥土,其质量应符合表 18-5 的技术要求。为改善石料与沥青的黏附性,要求在矿粉中掺加矿粉总量 20% 的一级消石灰。

表 18-5　高速公路沥青用矿粉质量要求

指　　标		技术要求
表观密度	不小于(t/m^3)	2.50
含水率	不大于(%)	1
粒度范围:	<0.6mm(%)	100
	<0.15mm(%)	90~100
	<0.075mm(%)	75~100
外观		无团粒结块
亲水系数		<1
塑性指数		<4

18.2.3　其他原材料

1)抗剥落剂

沥青面层用抗剥落剂应耐热,并具有良好的耐久性,在薄膜老化后,仍应满足相应技术要求。抗剥落剂掺加量应通过试验确定。

2)纤维稳定剂

SMA 路面采用优良的纤维稳定剂,掺加比例应通过试验确定。纤维稳定剂应在进场时提供质保证书,并由供应商联合施工、监理单位委托送检,木质素纤维应满足《公路沥青路面施工技术规范》(JTG F40—2004)表 4.11.1 的要求。

18.3　配合比设计

18.3.1　沥青混合料配合比设计应严格按目标配合比设计、生产配合比设计及生产配合比验证三阶段进行。

18.3.2　目标配合比设计

(1)目的:目标配合比初步确定可行的级配和沥青用量,确定冷料仓的上料比例。

(2)依照《公路沥青路面施工技术规范》(JTG F40—2004)规定的方法进行目标配合比设计,各项技术指标均应满足要求。福建省属于高温多雨地区,故所设计的沥青混合料中的粗集料应能形成骨架结构,具有较好的抗车辙能力。

(3)设计中混合料的最大理论密度:对于道路石油沥青,应采用最大理论密度仪进行测定,并用理论计算值进行校核;对于改性沥青,应采用理论计算方法,采用实测值进行校核。

(4)普通沥青的混合料拌和与压实温度按黏温曲线的规定黏度确定;改性沥青混合料,应按施工经验及改性沥青供应商提供的参考温度进行综合确定。

(5)水稳定性检验。①采用48h浸水马歇尔试验。残留稳定度:普通沥青混合料≥80%,改性沥青混合料≥85%。②采用冻融劈裂试验。残留强度比:普通沥青混合料≥75%,改性沥青混合料≥80%。

(6)高温稳定性检验。采用车辙试验。动稳定度:普通沥青混合料DS≥1 200次/mm,改性沥青混合料DS≥3 000次/mm。

(7)渗水性能检验。密级配沥青混凝土渗水系数不应大于120mL/min。

(8)目标配合设计报告应包括如下内容:

①总说明:包括工程概况、材料性能汇总表、合成级配一览表、马歇尔试验技术指标汇总表、最佳用油量的确定,以及其他说明等。

②附相关材料试验的数据与表格。

③附混合料试验过程的数据及表格,设计混合料性能检验结果。

④附中心试验室的配合比检验报告(包括旋转压实检验等)。

(9)目标配合比报告的审批。施工单位完成目标配合比报告后,应在规定期限内向监理工程师及项目业主提出正式报告,并经监理工程师及业主中心实验室复核,取得正式批复后,方可进行生产配合比设计,并作为生产配合比的设计依据。

18.3.3　生产配合比的设计

(1)目的:

①确定热料仓的筛网尺寸、各料仓的比例。

②确定混合料的拌和温度及拌和时间。

③检验混合料的技术指标是否满足要求。

④检验拌和设备的技术性能是否稳定可靠。

(2)为了确保料堆集料送料的准确,对沥青拌和楼冷料仓的送料速度与电机转速的关系应进行标定,并根据形成的关系曲线,选定相应的电机转速进行送料。

(3)根据目标配合比设计确定的各冷料仓比例进行上料,采用试配法使合成级配最大限度地与设计级配相一致。关键筛孔为4.75mm、2.36mm与0.075mm的通过率的偏差不得大于1%。

(4)采用目标配合比设计的沥青用量及沥青用量±0.3%对混合料进行试拌,确定适合的拌和温度与拌和时间,并进行马歇尔试验。检验混合料级配组成、沥青含量与马歇尔特性。

(5)根据试拌结果,确定生产配合比的级配及最佳沥青用量。由此确定的最佳沥青用量与目标配合比设计的结果的差值不宜大于±0.2%。

18.3.4 生产配合比的验证

拌和机按生产配合比结果进行试拌,并取样进行马歇尔试验,由此确定生产用的配合比。生产配合比的矿料合成级配中,至少应包括0.075mm、2.36mm、4.75mm及公称最大粒径筛孔的通过率接近优选的工程设计级配范围的中值,并应避免在0.3~0.6mm处出现"驼峰"。

18.3.5 生产配合比设计报告应包括如下内容:

(1)总说明:生产配合比设计的过程的简要介绍及结论,其中至少应包括所确定的热料仓筛网尺寸、各热料仓的比例、混合料的拌和时间及其马歇尔试验的关键数据等。

(2)附件:相关的试验表格,其中应包括各热料仓的筛分试验、合成级配、马歇尔击实试验、抽提试验,以及水稳定性检验等。

(3)应附经批准的目标配合比设计报告(可不附材料试验及混合料试验过程数据)。

18.3.6 生产配合比报告的审批

施工单位完成生产配合比报告及试验路段铺筑方案后,应在规定期限内向监理工程师及项目业主提出正式报告,并经监理工程师及业主中心试验室复核,取得正式批复后,方可进行试验路段的铺筑。

18.4 铺筑试验路段

18.4.1 试验路段铺筑前,施工单位、监理单位应共同进行技术交底。

18.4.2 试验路段的长度宜为200~300m,宜选在直线路段上铺筑。

18.4.3 试验路段的铺筑,应达到如下目的:

(1)确定大面积施工的标准配合比,必要时可对生产配合比进行适当调整。

(2)确定分层施工时,每一层的合适厚度。

(3)确定松铺厚度和松铺系数(摊铺机行走速度、振幅、频率)。

(4)确定合理的施工机械配置,包括机械数量及组合方式。

(5)确定标准施工方法:

①混合料配比的控制;

②拌和机的拌和温度、拌和时间;

③摊铺机的摊铺温度、摊铺速度、摊铺宽度、自动找平方式等;

④压路机的压实顺序、碾压温度、碾压组合方式及压实效果;

⑤接缝方法;

⑥拌和、运输、摊铺和碾压机械的协调和配合;

⑦质量检查方法,初定每作业段的最小检查数量。

(6)确定每一作业段的合适长度。

18.4.4 试验路段检验合格后,写出详细的总结报告,报告应包括如下内容:

(1)总说明:就试验路的全过程进行简要介绍,说明试验路是否达到了预期的目的,介绍推荐的混合料施工温度、摊铺及碾压工艺、松铺系数等,并应有试验路抽检的主要数据。

(2)附试验表格:混合料的马歇尔试验、抽提试验、所取芯样的试验及试验路的其他相关数据。

(3)附:经批准的目标配合比及生产配合比试验报告。

(4)附:中心试验室的试验路抽检报告。

18.4.5 若试验路未达到预期的目的,则应查明原因后重新铺筑试验段。若试验段的质量未达到相关的技术标准,则应由施工单位自费予以铲除。

18.4.6 试验段总结报告应报监理工程师审批后,方可作为大面积施工的指导方案,并在具备以下完整的技术资料和得到项目业主的开工令后,方可进行正式施工:

(1)总监办对沥青混凝土配合比的批复;

(2)施工单位的试验路总结报告;

(3)中心试验室的试验路抽检报告;

(4)施工单位目标配合比设计报告;

(5)施工单位生产配合比设计报告;

(6)中心试验室的配合比验证报告。

18.4.7 对确定的标准配合比,宜再次进行车辙试验和水稳定性检验。

18.4.8 在施工过程中,不得随意变更经设计确定的标准配合比。

18.5 施工要点

18.5.1 混合料的拌制

(1)生产沥青混合料时要避免对周围环境的污染。

(2)根据沥青的进场数量掺加外加剂,确保外加剂剂量满足配合比的设计要求。

(3)拌和过程中,应逐盘采集并打印各个传感器测定的材料用量和沥青混合料拌和量、拌和温度等各种参数。每个台班结束时,打印出一个台班的统计量,进行沥青混合料生产质量及铺筑厚度的总量检验。总量检验的数据有异常波动时,应立即停止生产,并分析原因。

(4)沥青混合料的拌和应保证沥青结合料先于矿粉进入搅拌仓。

(5)沥青混合料的拌和时间由试验确定,普通沥青混合料每盘拌和时间不宜少于45s(其中干拌时间不得少于5s),改性沥青混合料每盘拌和时间宜为60s左右(其中干拌时间不得少于10s),以使混合料拌和均匀,无花白料。

(6)在施工过程中,每个工作日必须至少取样两次,进行混合料检验。

(7)间歇式拌和机宜备有保温性能好的成品储料仓,储存过程中混合料温降不得大于10℃,且不能有沥青滴漏。普通沥青混合料的储存时间不得超过72h;改性沥青混合料的储存时间不宜超过24h。

18.5.2 混合料的运输

(1)在运料车装载时,采用三次或多次卸料法,以减小混合料发生粗细集料的离析,即第1、2次卸料分别位于车厢两端,第3次卸料位于车厢中部,如图18-1所示。

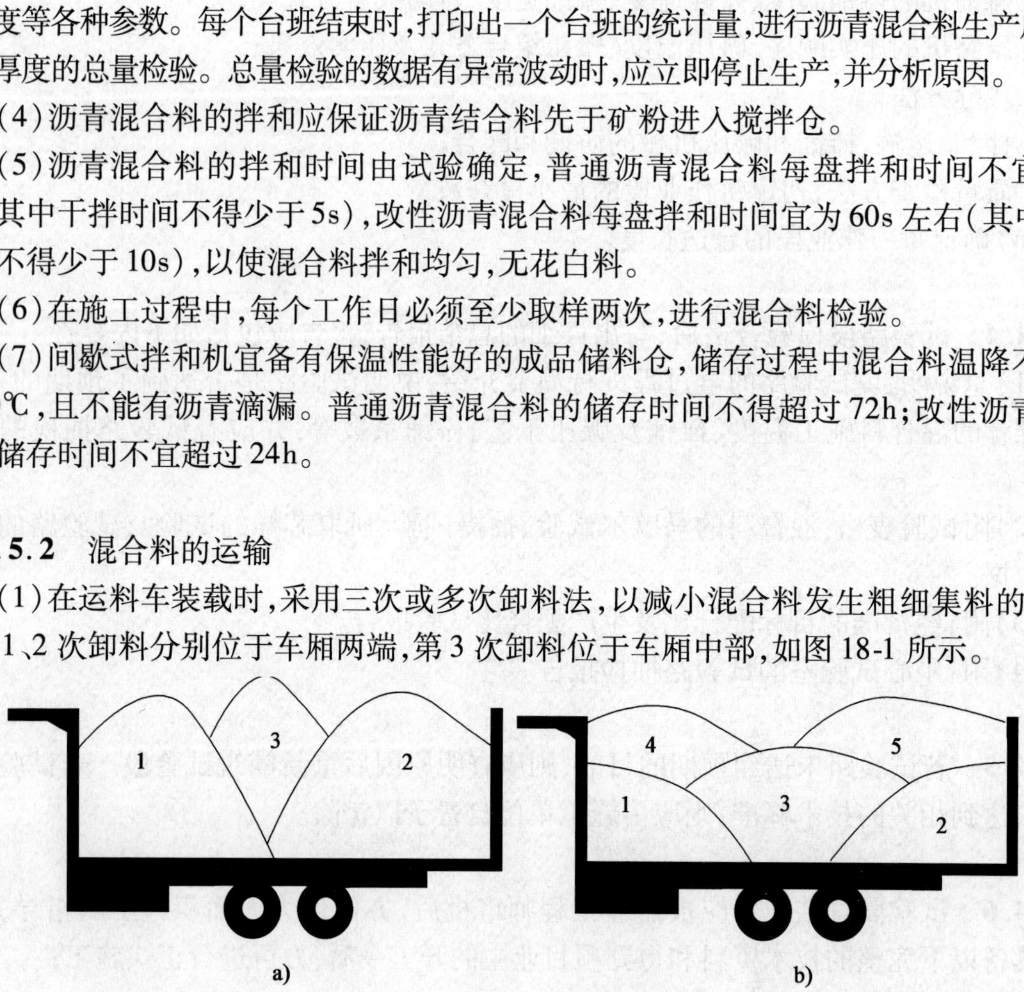

图18-1 正确的卸料法示意图

a)3次卸料法示意图;b)5次卸料法示意图

(2)在运输时,为防止混合料粘在车厢底板上,可采取涂刷一薄层油水(柴油:水为1:3)混合液的方法来避免。但不得有余液积聚在车厢底部。

(3)每辆自卸车都应备有大小适宜的覆盖篷布,运输时覆盖在车顶上,并覆盖密实,切实起到保温、防雨、防污染的作用,杜绝因篷布覆盖"露头露尾"导致的局部严重温度离析现象。

(4)要采用大吨位的自卸车,数量应根据运距、拌和能力、摊铺能力及速度确定。一般情况下,对一套拌和楼,运输车不应少于20辆,以满足拌和设备及摊铺机连续作业为准。要尽量避免产生停机待料的情况。

(5)运送沥青混合料车辆的车厢底板面及侧板必须清洁,不得沾有有机物质,对不符合温度要求或已经结成团块、已遭雨淋湿的混合料应作废弃处理。应及时清理车厢内的残余料,保持车厢整洁。运料车进入摊铺现场时,轮胎上不得粘有泥土等可能污染路面的脏物,否则应设水池先洗净轮胎后方可进入工程现场。

18.5.3　混合料的摊铺

(1)待摊铺机前的运料车不少于5辆时,方可开始摊铺混合料,避免停机待料,以保持摊铺连续。

(2)当有大功率摊铺机时,可采用单机全断面摊铺,并通过试验段比较来确定采用单机还是双机方案。不论采用何种摊铺方案,都应配备一台可自动伸缩以调整宽度的摊铺机。

(3)当采用3层沥青结构层时,摊铺下层时不论是否分层施工,均应采用挂线法施工,中、上层宜采用非接触平衡梁或浮动基准梁装置施工(附图2.22),但在桥头过渡段中层仍应采用挂线法施工(图18-2)。

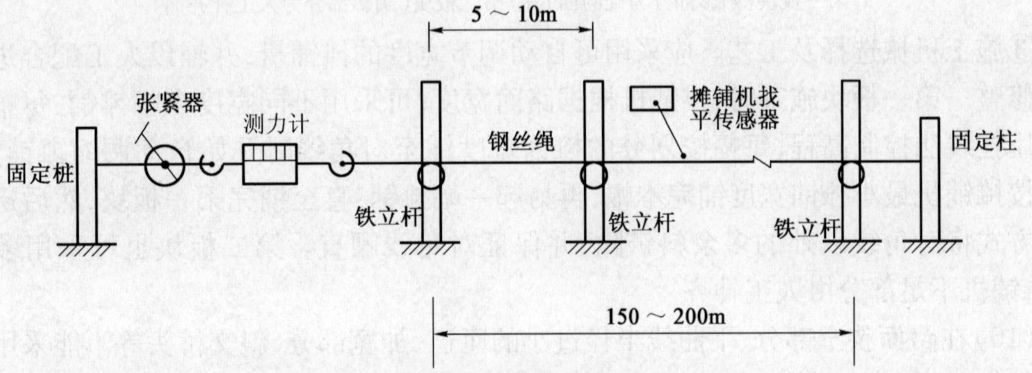

图18-2　挂线示意图

(4)当采用双机联合摊铺3层沥青混合料结构层时,下、中层两幅搭接位置宜避开车道轮迹带,前后两台摊铺机轨道重应叠30~60mm,中、上层搭接位置宜错开200mm以上,两台摊铺机前后的距离一般为10~20m,以确保混合料不发生离析,且纵向接缝为热接缝。表面层纵向接缝位置应位于标线处,其余各层应分别紧挨路面标线两侧。各层摊铺后应采用人工配合拍边,使边缘整齐、密实(附图2.23)。

(5)摊铺机开工前应提前0.5~1h预热熨平板,使其温度不低于120℃。铺筑过程中,应使熨平板的振捣或夯锤压实装置具有适宜的振动频率和振幅,以提高路面的初始压实度。熨平板加宽连接应仔细调节至摊铺的混合料没有明显的离析痕迹。

(6)摊铺机的螺旋布料器应相应于摊铺速度调整到保持一个稳定的速度,均衡地转动,两侧应保持不少于送料器2/3高度的混合料,以减少混合料在摊铺过程中的离析。

(7)热拌沥青混合料的最低摊铺温度应根据铺筑层厚度、气温、风速及下卧层表面温度,按《公路沥青路面施工技术规范》(JTG F40—2004)5.2.2条执行,且不得低于该规范中表5.6.6的要求。

(8)沥青混合料的摊铺速度宜控制在2~6m/min,上面层摊铺速度不应超过5m/min,其摊铺用料量应和拌和机的产量相适应。

(9)移动路脊法一般在上面层实施,其具体施工方法如下:

①采用移动路脊法施工的路段长度和路脊横坡应严格遵照设计实施。

②根据采用移动路脊法的施工路段长度,在路段的起始端两侧取对角线,划分为两个板块施工,如图18-3所示。

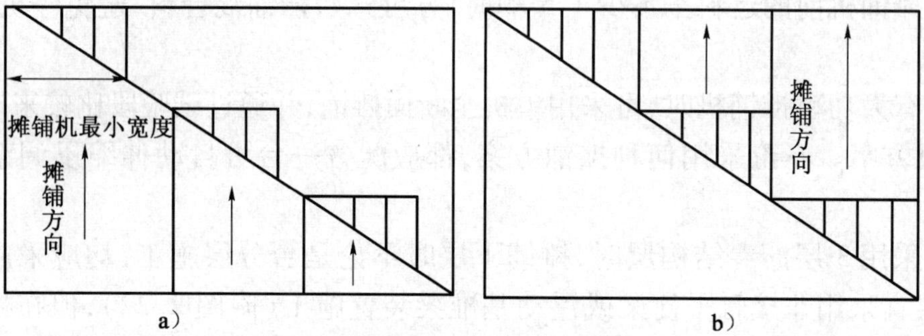

图18-3 移动路脊法施工图示

a)第一板块(阴影部分为铣刨面);b)第二板块(阴影部分为人工补齐面)

③施工机械选择及工艺。应采用可自动调节宽度的摊铺机,并辅以人工配合进行摊铺和修整。第一板块施工时,摊铺机根据路面宽度,可采用不同宽度多幅摊铺,每幅铺筑均采用挂线法控制高程,每幅按划分的摊铺宽度铺至对角线时开始自动调缩摊铺宽度,直至按摊铺机最小摊铺宽度铺完本幅,再另起一幅摊铺,直至铺完第一板块,然后迅速以人工方式将对角线以外的多余料铲除,并保证对角线顺直。第二板块也可采用多幅铺筑,摊铺机不足部分由人工补齐。

(10)在路面狭窄部分、平曲线半径过小的匝道、加宽部分、斜交桥头等不能采用摊铺机的部位可用人工摊铺混合料。人工摊铺应严格控制操作时间、松铺厚度、平整度等。

(11)严格按照设计衔接路面结构层和桥隧过渡板(图18-4),并至少提前一天准备好工作面,处理好欠压实、松散、不平整等问题,并扫除松散材料和所有杂物。监理工程师应对此检查验收。

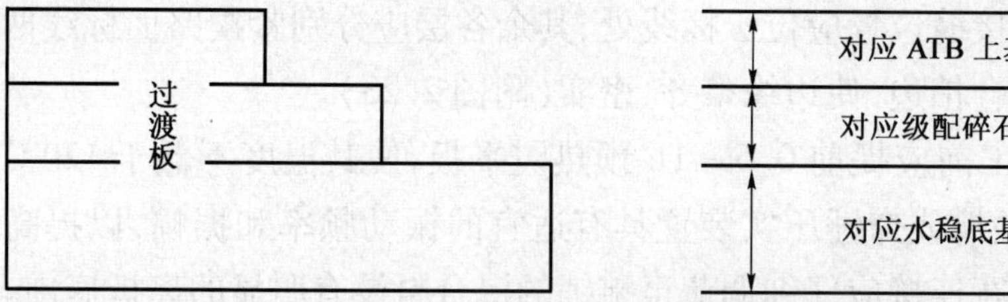

图18-4 福建省常用路面结构层与桥隧过渡板衔接示意图

18.5.4 混合料的压实及成型

(1)沥青结构层的压实厚度一般不得超过10cm,并符合现行规范要求。

(2)沥青结构层施工应配备足够数量的压路机,选择合理的压路机组合方式。铺筑双车道沥青路面的压路机数量不应少于5台,当施工气温低、风大、碾压层薄时,应增加压路机数量;当采用全幅单机摊铺工艺时,应增加大吨位轮胎压路机数量。

(3)压路机的碾压温度应符合《公路沥青路面施工技术规范》(JTG F40—2004)5.2.2条的要求,并根据混合料种类、压路机、气温、层厚等情况经试压确定。

(4)沥青混合料的压实应分初压、复压和终压(附图2.24)。

①初压。初压应紧跟摊铺机后碾压,并保持较短的初压长度。宜采用钢轮压路机静压1~2遍。

②复压。密级配沥青混凝土结构层的复压宜优先采用两台25t以上重型的轮胎压路机分两列并行碾压,各负责半幅施工,并跟随摊铺机阶梯形前进,压实遍数应达4~6遍。对以粗集料为主的沥青稳定碎石结构层,宜优先采用振动压路机复压。

③终压。终压应紧接在复压后进行,如经复压已无明显轮迹则可免去终压。终压可选用双轮钢筒压路机或关闭振动的振动压路机碾压不少于两遍,至无明显轮迹为止。最后用1台钢轮压路机在终压温度以上完成消迹碾压。

(5)碾压过程注意事项:

①碾压过程中,不得在碾压区内转向、调头、左右移动位置、中途停留、变速或突然制动。

②碾压不到之处,可用手扶振动压路机振压密实,以消除碾压死角(附图2.24)。

③在超高路段施工时,应先从低的一边开始,逐步向高的一边碾压。

④当碾压没有侧限的结构层时,可在离边缘20~30cm处开始碾压作业,这样可以有效减少铺层塌边现象。之后碾压边缘时,可人工配合拍边,压路机每次只能向自由边缘方向推进10cm。

⑤碾压要遵循"紧跟、慢碾、高频、低幅、小水"的原则。沥青路面的碾压是成功的关键,因此,必须控制好碾压过程中的各工艺环节。

⑥路面温度低于50℃后方可开放交通。因改性沥青的特性,改性沥青路面,一般施工3d以后才能开放交通。

⑦当工作完成后,路面摊铺、碾压设备停放应用篷布或彩条布与沥青层隔开(附图2.25),避免设备漏油损坏沥青结构层及污染路面。

⑧碾压轮在碾压过程中应保持清洁,有混合料粘轮时应立即清除。

18.5.5 接缝处理

(1)上、下层的横向接缝应错位1m以上。各层横向接缝均应采用垂直的平接缝。每天摊铺混合料收工时用3m直尺在碾压好的端头处检查平整度,选择合格的横断面,画上直线,然后用切缝机切出立茬,多余的料弃掉,并清理干净。切割时留下的泥水必须冲洗干净,待干燥后涂刷黏层油,如图18-5所示。

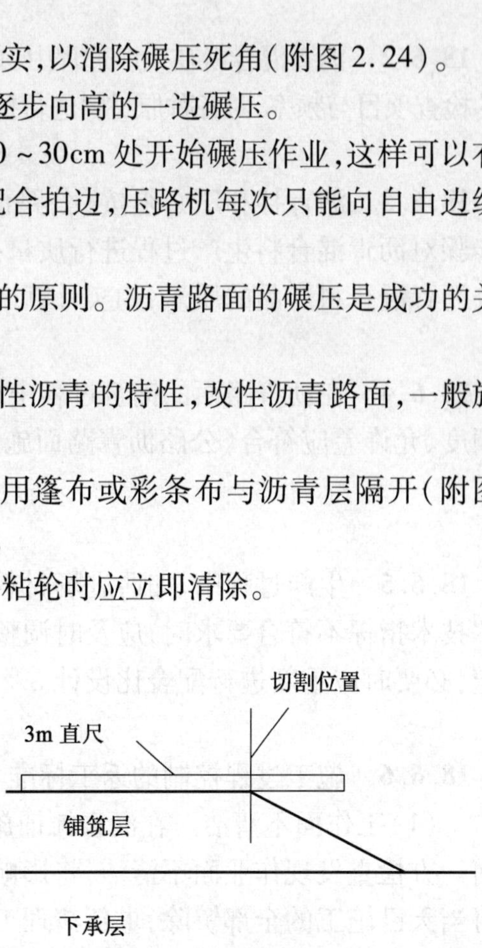

图18-5 切缝示意图

(2)在接缝处摊铺沥青混合料时,熨平板应放到已碾压好的路面上,在路面和熨平板之间应垫钢板,其厚度为压实厚度与虚铺厚度之差。

(3)横向缝接续施工前,应在端面涂刷黏层油。

(4)为了保证横向接缝处的平顺,摊铺后即用3m直尺检查平整度,去高补低,之后用双驱双振(不振动)压路机沿路横向碾压,碾压时压路机的滚筒大部分应在已铺好的路面上,仅有10~15cm的宽度压到新摊铺的混合料上,然后逐渐移动跨过横向接缝。

(5)摊铺机采用梯队作业的纵缝严禁产生冷接缝。对于在特殊段落不可避免地出现冷接缝时,冷接缝处理方案应报监理工程师批准。

18.6 质量管理及检查验收

18.6.1 沥青路面的施工质量管理要重视过程控制。在施工过程中,施工单位、监理单位及项目业主应严格进行施工质量的检查与试验,严把四道质量关,即材料、混合料的设计、混合料的生产、混合料的铺筑,控制好三个关键因素,即混合料的级配、沥青用量及路面空隙率(附图2.26)。

18.6.2 沥青混合料在生产过程中,必须按《福建省高速公路工程试验检测管理办法》规定的检查项目与频率,对各种原材料进行抽样试验,其质量应符合本指南规定的技术要求。

18.6.3 沥青拌和厂必须按《公路沥青路面施工技术规范》(JTG F40—2004)规定的步骤对沥青混合料生产过程进行质量控制,并按规范中表11.4.4规定的项目和频度检查沥青混合料产品的质量,如实计算产品的合格率。

18.6.4 在沥青路面的铺筑过程中,必须随时对铺筑质量进行评定,质量检查的内容、频度、允许差应符合《公路沥青路面施工技术规范》(JTG F40—2004)中表11.4.5-1的规定。

18.6.5 生产过程中,如遇进场材料发生变化并经检测沥青混合料的矿料级配、马歇尔技术指标不符合要求时,应及时调整配合比,使沥青混合料的质量符合要求,并保持稳定,必要时应重新进行配合比设计。

18.6.6 施工过程控制的返工标准

(1)工作面不清洁。在沥青摊铺施工作业中,当监理、业主、中心实验室负责人或任何一方检查发现作业面不清洁,将影响到沥青路面的层间黏结力和耐久性时,则应责令将当天已施工的全部铲除,重新清理工作面,并对相关责任人进行处罚。

(2)混合料配合比偏离。当施工单位、监理或中心实验室的混合料抽提试验显示配合比严重偏离标准配合比时,则按表18-6所示的原则处理。

表 18-6　配合比偏离处理原则

序号	关键筛孔通过率和沥青用量的偏差情况	处理原则
1	0.075mm　筛孔通过率≥±1.5%； ≤2.36mm　筛孔通过率≥±4.0%； ≥4.75mm　筛孔通过率≥±5.0%； 沥青用量　筛孔通过率≥±0.20%	及时分析查找原因，将偏差及时纠正，必要时应停工整改
2	0.075mm　筛孔通过率≥±2.0%； ≤2.36mm　筛孔通过率≥±5.0%； ≥4.75mm　筛孔通过率≥±6.0%； 沥青用量　筛孔通过率≥±0.30%	立即进行停工整改，查明原因并确定应返工的范围及长度，及时做返工处理，经监理同意方可继续施工
3	0.075mm　筛孔通过率≥±2.5%； ≤2.36mm　筛孔通过率≥±6.0%； ≥4.75mm　筛孔通过率≥±7.0%； 沥青用量　筛孔通过率≥±0.35%	将当天施工沥青面层全部无条件做返工处理，并停工查找原因，直至所采取的措施能确保混合料的配合比得以有效控制，经业主同意方可继续施工

凡是由中心实验室抽检发现有上述配合比偏离现象，则整改过程和结果均应向监理工程师进行书面报告。

18.6.7　压实度要求

（1）压实度检测按《公路沥青路面施工技术规范》（JTG F40—2004）附录 E 的规定执行，并应满足在实验室标准密度的 97% 以上、理论最大密度的 93% 以上。如果现场空隙率 <3%，则应查找原因。

（2）沥青路面的压实度采取重点对碾压工艺进行过程控制，适度钻孔抽检压实度的方法。各方应合作进行钻孔检测，为减少钻孔数量，施工、监理、中心实验室监督应随机选点取样，以避免重复钻孔。钻孔后应及时将孔中灰浆掏净，吸净余水，待干燥后用相同的沥青混合料分层填充夯实。

18.6.8　压实度的动态控制

（1）当沥青路面的施工质量持续稳定，则可按《公路沥青路面施工技术规范》（JTG F40—2004）中 11.4.7 的有关规定进行压实度取芯检验的动态控制。质量的持续稳定是指：①抽提结果显示，沥青混合料的级配及用油量保持稳定；②从已施工路段显示，无明显的拉条和离析现象；③从取芯检验显示，压实度没有出现离散太大或不合格现象。

（2）压实度取芯检验以 3 个试件为一组，取芯频率分为 4 个等级（以标准 4 车道的单幅延长米计）：A 级每 3 000m 取一组，B 级每 1 000m 取一组，C 级每 500m 取一组，D 级每 200m 取一组。取芯的位置应在出发前抽取随机数进行确定，不得在现场临时确定。

（3）当所有试验检测的结果显示其管理措施严格有效、施工质量稳定、压实度持续 5 个正常工作日稳定并符合要求时，钻孔取芯的控制可提升一级，但应经监理工程师和业主认可，最高的等级为 A 级。

(4)当中心实验室抽检结果显示其材料、配合比或压实度任何一项有不合格的现象时,则取芯的控制等级将下降一级。一个合同段在同一层施工过程中若出现三次抽检不合格现象,则该层的压实度取芯不再实行动态控制,全部按D级频率控制。施工过程中,对钻孔的试件应编号,并将其贴上标签予以保存,以备工程交工验收时使用。

18.6.9 沥青路面的施工应按《公路沥青路面施工技术规范》(JTG F40—2004)附录F的方法,利用计算机实行动态质量管理,并计算平均值、极差、标准差及变异系数以及各项指标的合格率。拌和楼的所有数据必须打印并存档备查。

18.6.10 对公路施工的关键工序或重要部位宜拍摄照片或进行录像,作为实态记录及保存资料的一部分。

19　水泥混凝土桥面沥青铺装工程

19.1　一般规定

19.1.1　水泥混凝土桥桥面铺筑的沥青铺装层，应满足与混凝土桥面的黏结、防止渗水、抗滑及有较高抵抗振动变形的能力等功能性要求，桥面沥青铺装结构示意图如图19-1所示。

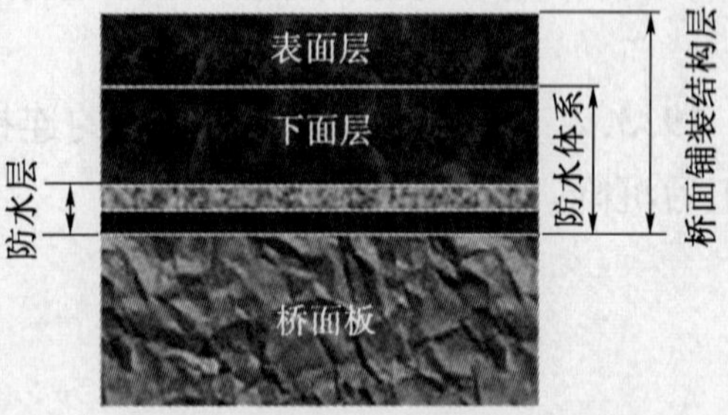

图19-1　桥面沥青铺装结构示意图

19.1.2　铺装沥青层的下卧层时，必须符合平整、粗糙、整洁的要求，桥面纵横坡应符合要求。

19.1.3　桥面板应满足以下技术要求：

(1)桥面板表面必须牢固、结实、无浮浆，不能有钢筋尖锐突出物。

(2)桥面板板面要求完全干燥。

19.2　施工要点

19.2.1　应清除施工作业现场作业区及周围的障碍物。

19.2.2　水泥混凝土桥面板表面应作铣刨拉毛处理，凿除桥面找平层混凝土浮浆，平整凹凸不平处，清除油污和杂物，用除尘机将桥面灰尘吹除干净(附图2.27)。

19.2.3　桥面伸缩缝临时槽应始终保证密实，不应出现松散、空洞现象(附图2.28)。

19.2.4　桥面防水层采用改性乳化沥青黏层并撒布4.75~9.5mm预拌碎石以防粘轮，施工工序及注意事项参照本书16.1.3。

19.2.5　桥面沥青混合料的施工同热拌沥青混合料结构层(附图2.29)。

19.2.6　桥面混合料施工前，应做好桥面横坡低处碎石盲沟的预留，保证桥面排水系统的完善。

19.2.7 在进行桥面沥青铺装层施工时,禁止运输车辆在桥面上调头、紧急制动,避免破坏改性乳化沥青防水层。

19.3 质量管理及检查验收

19.3.1 沥青面层的施工碾压宜采用轮胎压路机复压及轻型钢筒式压路机终压的方式,不得采用有可能损坏桥梁的大型振动压路机或重型钢筒式压路机。

19.3.2 桥面铺装和公路路面的连接部位,应连接平顺,并采取有效的措施,减少桥头工后沉降。

20　安全生产与文明施工

路面施工、监理单位要建立健全安全生产与文明施工组织机构，完善文明施工的各项管理、考核制度，加强参建人员的安全生产和文明施工的培训，使安全文明的理念贯穿施工的始终。

20.1　安全生产

20.1.1　路面施工单位应设置安检机构，项目部及各工区应配备专职安全员，并制订项目安全生产管理制度，落实安全生产责任。项目经理、项目总工、专职安全生产管理人员应取得安全生产考核合格证书。

20.1.2　施工用电应由有专业资格的从业人员操作和管理，严格执行有关规定，设置用电安全告示牌。

20.1.3　应在炸药库、施工用电、油料、拌和楼、沥青仓库及存放地点等易发生安全事故的重点部位和工序设置危险地点及危险物品地点安全警告标志牌，并配备相应的灭火器材，同时设置专职安检员对其进行定期和不定期检查，并做好检查记录，确保施工安全。

20.1.4　拌和机运行中，禁止人员靠近各种运转机构，也不得使用工具伸入滚筒内掏挖或清理，搅拌鼓内需要清理时，必须停机，人员进入鼓内工作时，鼓外应有专人监护；料斗提升时，严禁有人在斗下工作或通行。

20.1.5　从事沥青路面施工、监理的人员工作前必须熟悉沥青的性能和防止沥青烫伤、皮肤过敏等注意事项，工作时应配备相应的劳动保护，如手套、耐高温鞋等；使用煤沥青时，应采取措施防止工作人员吸入煤沥青或避免皮肤直接接触煤沥青造成身体伤害；进行沥青或沥青混合料试验时，应防止烫伤，使用三氯乙烯做沥青抽提试验时，应在专用的通风房间内进行，操作人员应佩戴防毒面具。

20.1.6　严禁路面施工人员疲劳作业，禁止在施工机械附近休息。

20.1.7 尽量避开夜间施工,如有特殊情况需夜间施工时,必须上报夜间施工保证措施,经监理工程师审批后方可实施;且项目部必须安排安全领导小组成员值班。

20.2 文明施工

20.2.1 施工现场布置

(1)施工期间,承包人应在施工路段起终点、拌和楼、片石开采及破碎场等显著位置悬挂安全文明生产、质量管理、廉政建设等标牌标语,各标识牌应符合本系列指南工地建设分册的相关要求。

(2)现场必须设置宣传栏,以及时反映现场安全、质量和进度情况。

(3)项目部应根据福建省的季节特点,做好"防汛抗台"工作,做好应急预案,确保工程安全。

(4)现场机械设备应布置有序,必要时应悬挂安全操作规程,规程采用白底黑字的形式。

(5)现场各种防火、防高空坠落、安全帽等安全标识牌应按国家有关规定统一制作,悬挂于工地醒目位置。

(6)施工现场主要出入口应设置"工程施工告示牌",其他主要施工点和道路交叉口,可根据实际情况设置必要的指路牌、限速牌等标志牌。

20.2.2 各个工序的施作应严格按技术规范、安全生产要求施工,坚决杜绝违章施工、野蛮施工的事故发生;严禁打架、斗殴、赌博、偷窃等不文明现象出现。

20.2.3 加强路面养生及交通管制工作,保持施工路面的干净、整洁。当拌和站、停车区和服务区的施工车辆无法避免与路面工程交叉施工时,必须在进出口处设置轮胎冲洗设施,其面积和配套设施应满足使用要求,污水应集中排放(附图2.30)。

20.2.4 路面施工单位应负责施工便道、拌和厂内外及高速公路进出口一定范围内的环境卫生,同时对已完成的沥青路面进行经常性巡查,对所有进入施工现场的车辆进行轮胎干净程度的检查,并严禁直接在任何路面结构层上堆放砂石、拌和砂浆等,一旦发现问题应及时采取措施,确保路面不受污染。

20.2.5 若施工时不可避免的有交叉作业时,应提前采取措施,使污染源与结构层隔离,避免路面受污染(附图2.31)。

20.2.6 对施工材料运输车辆应采取有效的封闭措施,防止材料沿途泄漏,造成对环境的污染。

20.2.7 施工废料应倒在指定地点，严禁乱倒，并应采取措施避免对周围环境造成污染。

20.2.8 保持道路通畅，避免占道、阻车等现象发生。

20.2.9 应处理好机电、房建、绿化、交通安全设施、防护工程等交叉施工项目与路面工程的关系，减少路面污染。

附录　典型示意图

1　路基部分

附图 1.1　截水沟范围内的原生植被应予以保留

附图 1.2　路基清表

附图 1.3　五牌一图

附图 1.4　按要求佩戴防护用品

附图 1.5　地下管线保护

附图 1.6　路基超宽

附图 1.7　路基排水沟

附图 1.8　划格上土

附图 1.9　平地机整平

附图 1.10　现场平整度检测

附图 1.11　路基五度控制

附图 1.12　填石路基边坡码砌

附图 1.13　挖台阶处理

附图 1.14　台背回填采用的小型夯实机

附图 1.15　台背和路基同步填筑

附图 1.16　台背回填画线

附图 1.17　冲击式压路机

附图 1.18　警示牌

附图 1.19　截水沟排水系统

附图 1.20　边沟排水孔道

附图 1.21　碎石桩施工

附图 1.22　静压管桩施工

附图 1.23　骨架施工

附图 1.24　锚索基本试验

附图 1.25　锚固工程钻机

附图 1.26　锚索切割机切割

附图 1.27　挤压套挤压机械

附图 1.28　注浆设备

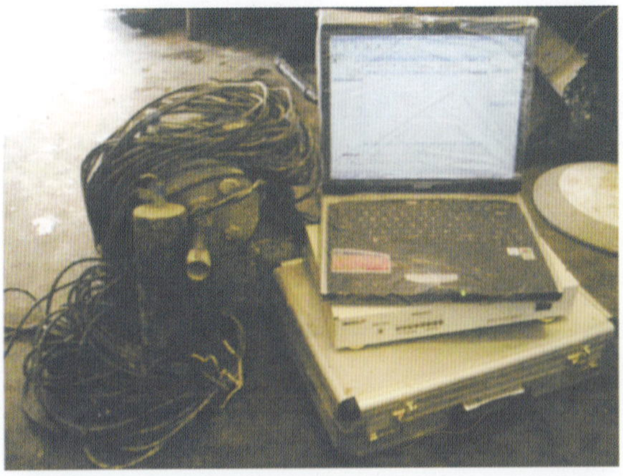

附图 1.29　注浆记录仪记录

附图 1.30　锚索(杆)抗拔力检测

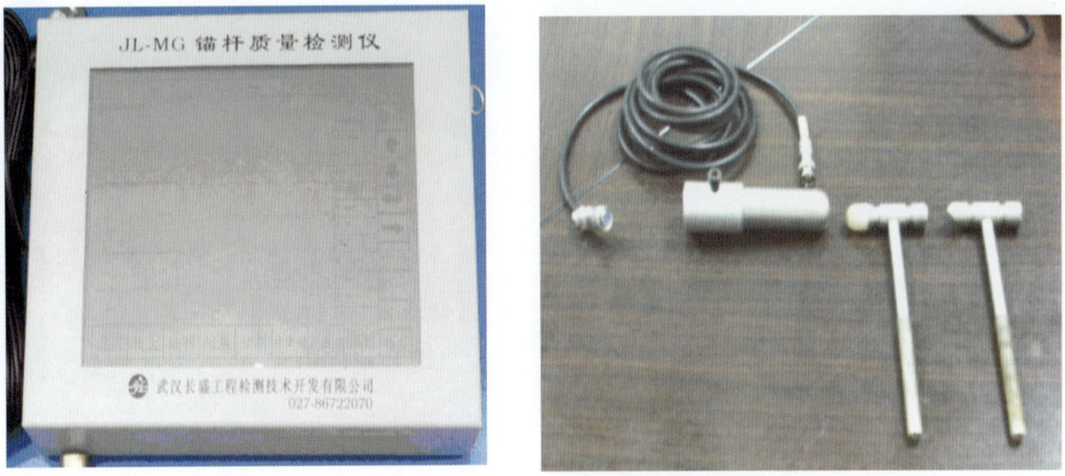

附图 1.31　锚筋体长度检测仪的基本组成

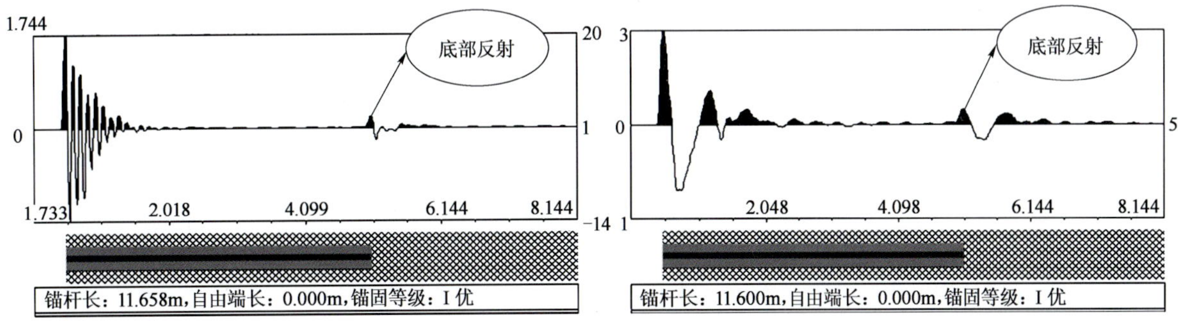

附图 1.32　锚筋体长度检测成果曲线图

附图 1.33　路堤边坡整修

附图 1.34　洞内清理和洞口排水设施的完善

附图 1.35　排水沟沟底清理

附图 1.36　碎落台整理绿化

附图 1.37　弃土场植树和绿化

附图 1.38　弃土场边坡挡土墙和排水沟

2 路面部分

附图 2.1 破碎场干式除尘装置

附图 2.2 粗集料水洗装置

附图 2.3 水稳层摊铺高程控制示意图 1(路侧走钢丝)

附图 2.4　水稳层摊铺高程控制示意图 2(双机摊铺前机路中走导梁)

附图 2.5　水稳层摊铺高程控制示意图 3(双机摊铺后机路中走滑靴)

附图 2.6　水稳层碾压示意图

附图 2.7　水稳层土工布养生及交通管制

附图 2.8　级配碎石运输到场示意图

附图 2.9　级配碎石基层摊铺示意图

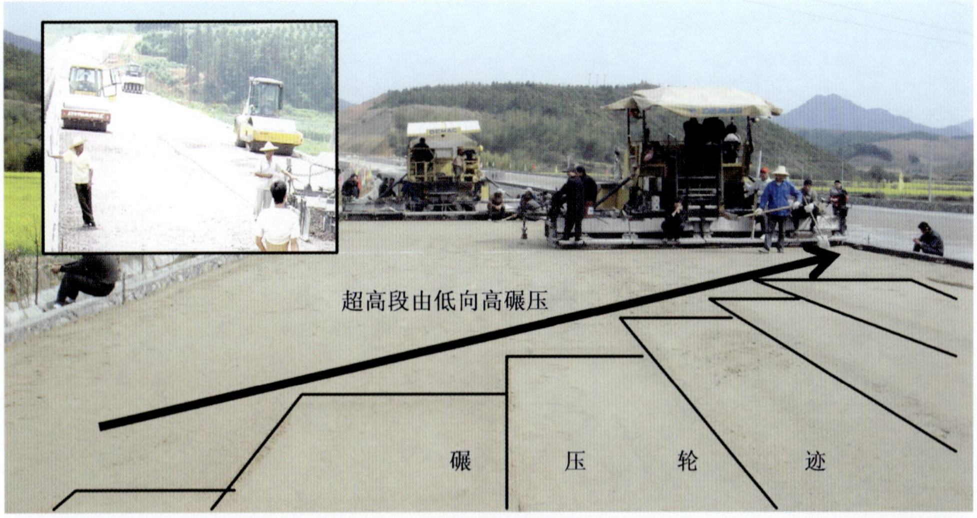

附图 2.10　级配碎石基层碾压示意图

附图 2.11　级配碎石基层边缘碾压示意图

附图 2.12　级配碎石透层油工作面

附图 2.13　沥青结构层黏层油工作面

附图 2.14　沥青洒布设备

附图 2.15　黏层油工序后撒布防粘轮小碎石

附图 2.16　级配碎石洒布透层油前后对比示意图

附图 2.17　热沥青表处施工示意图

附图 2.18　改性乳化沥青稀浆封层摊铺及成型后示意图

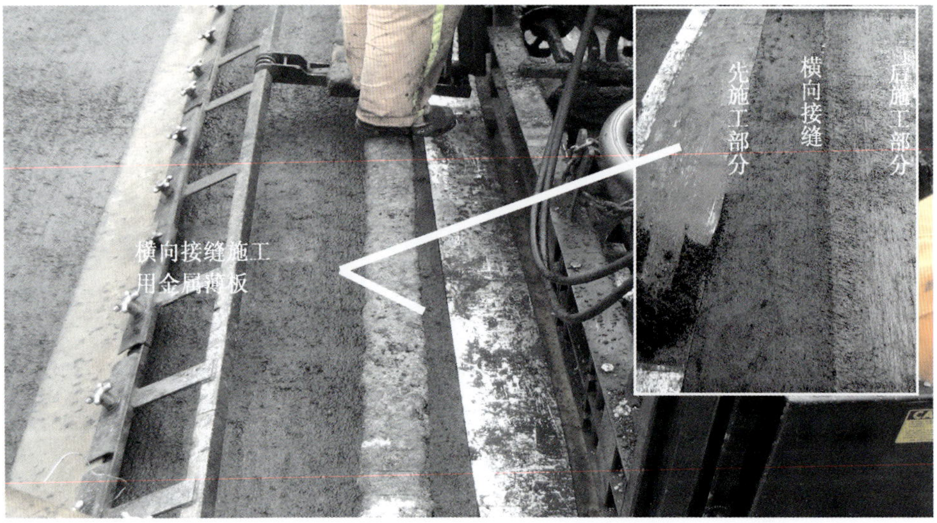

附图 2.19　稀浆封层横向接缝施工示意图

附图 2.20　封闭沿线路口,减少外来污染

附图 2.21　完成中分带绿化、隧道口绿化,杜绝交叉施工污染

附图 2.22　沥青路面上面层摊铺高程控制(非接触式平衡梁)

附图 2.23　沥青路面双机摊铺现场控制示意图

附图 2.24　沥青路面碾压示意图

附图 2.25　现场施工设备停放示意图

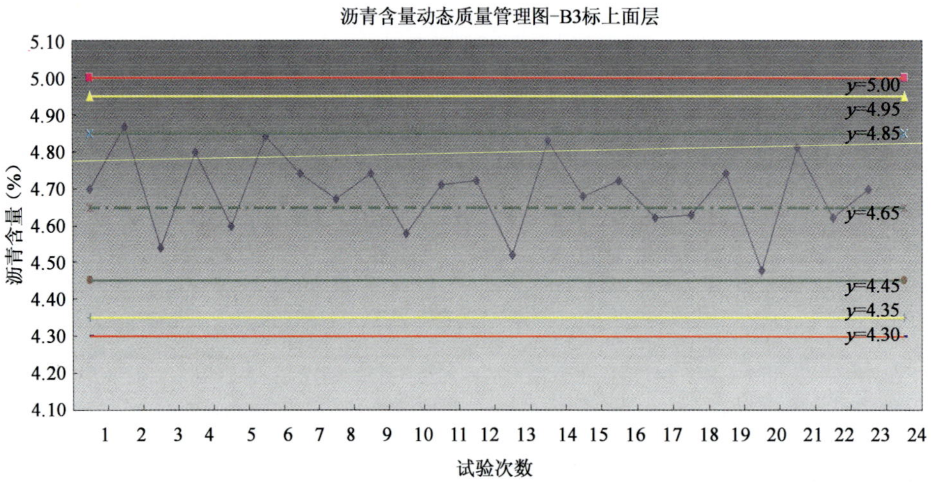

附图 2.26　某路面标段上面层沥青用量动态质量管理图

a)　　　　b)

附图 2.27　水泥混凝土桥面浮浆采用不同工艺处理前后效果图

a)铣刨工艺;b)抛丸工艺

附图 2.28　桥梁伸缩缝临时填筑示意图

附图 2.29　水泥混凝土桥面沥青混合料施工示意图

附图 2.30　轮胎冲洗池

附图2.31　隔离污染物

参考文献

[1] 中华人民共和国行业标准. JTG F10—2006 公路路基施工技术规范[S]. 北京:人民交通出版社,2006.

[2] 中华人民共和国行业标准. JTJ 034—2000 公路路面基层施工技术规范[S]. 北京:人民交通出版社,2000.

[3] 中华人民共和国行业标准. JTG F40—2004 公路沥青路面施工技术规范[S]. 北京:人民交通出版社,2004.

[4] 中华人民共和国行业标准. JTG D30—2004 公路路基设计规范[S]. 北京:人民交通出版社,2004.

[5] 中华人民共和国行业标准. JTG D50—2006 公路沥青路面设计规范[S]. 北京:人民交通出版社,2006.

[6] 中华人民共和国行业标准. JTG F80/1—2004 公路工程质量检验评定标准[S]. 北京:人民交通出版社,2004.

[7] 中华人民共和国交通运输部. 公路工程标准施工招标文件(2009 年版)[M]. 北京:人民交通出版社,2009.

[8] 铁道第二勘察设计院. TB 10025—2006 铁路路基支挡结构设计规范[S]. 北京:中国铁道出版社,2006.

[9] 重庆市建设委员会. GB 50330—2002 建筑边坡工程技术规范[S]. 北京:中国建筑工业出版社,2002.

[10] 中交第一公路工程局有限公司. 公路工程施工工艺标准[M]. 北京:人民交通出版社,2007.

[11] 交通部第二公路勘察设计院. 路基[M]. 北京:人民交通出版社,1996.

[12] 《公路路基设计手册》编写组. 公路路基设计手册[M]. 北京:人民交通出版社,1982.

[13] 程良奎. 岩土锚固[M]. 北京:中国建筑工业出版社,2003.

[14] 王秉纲,张起森. 公路施工手册——路面[M]. 北京:人民交通出版社,2008.